Erich Wunderli
Die geistige Wirklichkeit

ERICH WUNDERLI

Die geistige Wirklichkeit

Schweizer Parapsychologische Gesellschaft,
Zürich

Die Abbildungen sind mit freundlicher Genehmigung des Verlages James Clarke & Co. Ltd. dem Buch »Beyond the Horizon« von Grace Rosher entnommen.

Alle Rechte vorbehalten

Abdruck und jegliche Wiedergabe, auch auszugsweise,

nur mit Genehmigung der Schweizer Parapsychologischen Gesellschaft,

SPG-Center, Zollikerstr. 269a, 8008 Zürich

© 1991 by Schweizer Parapsychologische Gesellschaft, Zürich

Printed in Germany by Copernicus-Druck, Bonn-Alfter

ISBN 3-7964-0029-9

VORWORT

Dieses Buch wurde für Menschen geschrieben, die wissen wollen. Es versucht über die Fragen: »Woher kommen wir?«, »Was sind wir?« und »Wohin gehen wir?« Klarheit zu schaffen. Es versucht den Sinn des Lebens zu erläutern, den Zusammenhang zwischen Geist und Materie zu erklären und zu zeigen, daß Geist nicht nur eine Wirklichkeit, sondern *die* Wirklichkeit ist. Es ist kein religiöses Werk, befaßt sich aber mit den gleichen Problemen wie die Religion. Es ist Geisteswissenschaft in für jedermann verständlicher Sprache. Sein Zweck ist, Wahrheitssuchern die bis jetzt gewonnenen Erkenntnisse zu vermitteln, zu deuten und sie logisch zu begründen. Wer den Text zu Ende liest, weiß, wie er leben soll und warum. Er weiß auch, daß die Geisteinheit, die einen Menschen ausmacht. d. h. die Seele, den physischen Tod überlebt, und wenn er das einmal weiß, wird er ein anderer, weiserer, glücklicherer und besserer Mensch.

E. W.

VORWORT

Diesen Worten meines inzwischen heimgegangenen Freundes Erich Wunderli kann ich aufgrund jahrzehntelanger eigener Studien und Erfahrungen voll und ganz beipflichten. Ebenso dem vormaligen Chefredakteur der Monatsschrift „Esotera" Hans Geisler, wenn er das vorliegende Buch mit der Feststellung bewertete:

„Wenn Erich Wunderli für seine Leser all das übersichtlich zusammenfaßt, was heute aufgrund jahrtausendealter Forschungen und Erfahrungen zum Thema 'Weiterleben nach dem Tode' gesagt werden kann, so muß ich als Fachmann auf diesem Gebiet feststellen, daß er hier eine ausgezeichnete Arbeit geleistet hat. Fast keine der vielen Fragen, die diesbezüglich von Wissenschaftlern und Laien gestellt wurden und werden, bleibt unbeantwortet.

So umstritten, um nicht zu sagen 'anrüchig' das alles ist, was bislang unter dem Begriff 'Spiritismus' verstanden wurde, so interessant und wichtig ist es gerade deswegen für den echten 'Wahrheitssucher um jeden Preis', einmal von dazu berufener Seite zu erfahren, was die uralte Geist- und Jenseitsforschung wirklich zu bieten hat. Er wird dann staunen über die Vollständigkeit, Logik, Beweisbarkeit und Überzeugungskraft dessen, was Hunderte und Aberhunderte kritischer Forscher auf diesem Gebiet herausgefunden und zu einer einleuchtenden Weltanschauung geformt haben.

Daß die rein exakt-wissenschaftliche, das heißt animistische Parapsychologie nicht bereit ist, sich diesen aus Tatsachen abgeleiteten Schlußfolgerungen anzuschließen, braucht nicht zu verwundern. Aber der Tag wird mit Sicherheit kommen - und sei er noch so fern -, da sich eindeutig herausstellen wird, welche Lebensanschauung für die Fort- und Höherentwicklung der Menschheit die bessere ist. Schließlich: An ihren Früchten sollt ihr sie erkennen. Und wenn man die gegenwärtigen Zustände auf unserem Planeten als Früchte des bisherigen Denkens, Fühlens und Handelns der Menschen betrachtet, liegt der Verdacht nahe, daß die Herrschaft der Technik und der Naturwissenschaften doch nicht das Ideale sein kann. Ihr gegenüber ist der so viel geschmähte Spiritismus, den nur so wenige unserer Zeitgenossen wirklich kennen, eine echte Alternative."

Das tägliche Weltgeschehen sollte zur Genüge veranschaulichen, daß uns die materialistische Weltanschauung keinerlei moralischen Halt zu bieten vermag. Wie wäre es sonst möglich, daß sogar sehr wohlhabende Menschen aus purem Lebensüberdruß Selbstmord begehen? Gar nicht zu reden von der Primitiv-Philosophie des Marxismus-Leninismus, bei dem der Mensch weiter nichts als ein jederzeit auswechselbares Arbeitstier im Kollektiv?

In der spiritualistischen Weltanschauung hingegen, die auf den Erfahrungen des Spiritismus und den Ergebnissen einer nicht einseitig animistisch betriebenen parapsychologischen Forschung beruht, gibt es keine Vermassung, sondern Individualität. Hier ist niemand ersetzbar und keiner verlassen. Hier erkennen wir, daß wir eingebettet sind in die Harmonie von Naturgesetzen, die in ihrer einander ergänzenden Präzision auf eine unvorstellbar erhabene Intelligenz schließen lassen.

Die spiritistisch deutbaren Phänomene in ihrer Gesamtheit lassen uns unzweideutig erkennen:

1) die Selbstverantwortlichkeit des Menschen für sein Denken, Tun und Unterlassen.

2) unsere Entscheidungsfreiheit und deren Folgen im Rahmen des Karmagesetzes, des Gesetzes von Ursache und Wirkung, von Schuld und Sühne.

3) das nachtodliche Weiterleben sowie unser vorgeburtliches Dasein.

4) daß wir die Selbstgestalter unseres Schicksals sind über den Tod hinaus. Im Christentum wird gelehrt: „Was du säst, das wirst du ernten!" Der Buddhismus ergänzt:„Was du jetzt erntest, das hast du in einem früheren Dasein gesät". Beides wird bestätigt durch die Ergebnisse der modernen Todes- und Jenseitsforschung.

5) die trostreiche Überzeugung, daß der Tod keinen Abschied für immer von unseren Lieben darstellt, und daß es ein Wiedersehen gibt mit jenen Menschen, mit denen wir auf der irdischen Seinsebene in Liebe und Freundschaft verbunden waren.

6) die individuelle geistige Führung eines jeden Menschen; dem uralten Schutzengelglauben kommt Realität zu.

7) daß Diesseits und Jenseits, d.h. die sichtbare und die unsichtbare Welt, zusammen ein Ganzes ergeben: die Schöpfung. Ein Realist ist nur derjenige, der b e i d e Welten in sein Denken einbezieht. Das vielumrätselte Jenseits beginnt schon im Diesseits, nämlich da, wo unsere Sinne aufhören, uns Eindrücke zu vermitteln.

Weil die vorgenannten Fakten im Einklang mit erkennbaren Lebens- und Naturgesetzen stehen, hat logischerweise nur jene Weltanschauung Zukunft, die diese Fakten zur Grundlage hat. Freilich bedeutet das keineswegs, daß man Spiritist sein müsse, um naturgesetzlich und unserer Bestimmung gemäß sein Leben richtig zu gestalten. Der Spiritismus kann und sollte bloß Hilfsmittel sein für diejenigen Menschen, die sich nicht auf das verlassen wollen, was die untereinander zerstrittenen Theologen und religiösen Glaubensgemeinschaften sagen. Ich selber bin bloß in dem Sinne Spiritist, als ich in meiner Eigenschaft als Parapsychologe für die Gleichberechtigung der spiritistischen Hypothese neben der animistischen eintrete und vom persönlichen Überleben des Todes überzeugt bin. Der Sterbevorgang besteht lediglich im Ablegen und Zurücklassen des physischen Leibes, der in der Welt der Materie verbleiben muß. Das Ich des Menschen bleibt von dreidimensionalen Todesursachen unberührt.

Erich Wunderlis Buch ist nicht für Leichtgläubige geschrieben, sondern für Denkende. Wer unvoreingenommen seine Darlegungen liest und sich zu weiterführenden eigenen Studien bewogen sieht, dem wird sich ein bisher ungeahntes Weltbild erschließen, das ihm eine sichere Basis zu bieten vermag im Auf und Ab unseres Daseins.

In rechter Weise verstanden, kann uns Menschen auch der Spiritismus ein Wegweiser sein zu Gott; ein wertvolles Hilfsmittel zur Selbsterkenntnis und zur sinnvollen Lebensgestaltung!

Rudolf Passian

WAS IST WIRKLICHKEIT?

Wenn wir die Menschen unserer Umgebung befragen, was Wirklichkeit sei, so dürften sie wohl antworten: »Was ich mit meinen eigenen Augen sehe, mit meinen eigenen Ohren höre, mit meinen eigenen Händen betaste, mit meiner eigenen Nase rieche und mit meiner Zunge schmecke, das ist für mich Wirklichkeit.« Diese Definition der Wirklichkeit bedeutet nichts anderes als eine Beschränkung der Wirklichkeit auf das, was durch die menschlichen fünf Sinne wahrnehmbar ist. Mit anderen Worten: Was von den menschlichen Sinnen nicht erfaßt wird, wird als unwirklich, nicht vorhanden und nicht beweisbar betrachtet.

So klar und kurz diese Regel auch ist, so falsch ist sie. Der Umstand, daß der Mensch nur fünf wahrnehmbare Sinne besitzt, heißt noch lange nicht, daß die Welt auch nur fünf Eigenschaften hat. Wären dem menschlichen Organismus zehn Sinne verliehen, so hätte die Welt für ihn mindestens auch zehn Eigenschaften. Da sie jedoch abertausend Eigenschaften aufweist, können wir uns mit unseren Sinnen kein Bild von ihr machen.

Unsere Sinne sind aber nicht nur der Zahl nach beschränkt, sondern auch in ihrer Fähigkeit der Reizaufnahme. Mit verstärkter Reizempfindlichkeit würde der Mensch ganz andere Eindrücke empfangen, und das Erlebnis der Welt wäre für ihn ganz anders. Für einen Hund ist z. B. der Geruch einer Spur erregende

Wirklichkeit, für den Menschen dagegen existiert er nicht. Für den Besitzer eines Radioapparates werden Radiowellen Vermittler von Musik, Nachrichten und Unterhaltung, für den Nichtbesitzer dieses Gerätes existieren sie nicht, weil Radiowellen an sich keinen unserer Sinne ansprechen. Für den Blinden und Tauben, denen ein Sinn fehlt, sind Licht und Farben oder Töne, für den Ohnmächtigen sogar alle Geschehnisse kein Erlebnis, weil die sinnliche Wahrnehmung fehlt; Sehende, Hörende und sich im Wachzustand befindende Menschen jedoch empfinden diese Geschehnisse als Wirklichkeit. Im Mittelalter glaubten die Menschen, die Erde sei flach und die Sonne drehe sich um die Erde, weil ihnen die Sinne dies vortäuschten, heute aber ist allgemein bekannt, daß die Erde rund ist und sich um die Sonne dreht.

Aus dem Gesagten geht hervor, daß alles, was der Mensch erlebt, was für ihn zu einer Erfahrung wird bzw. in sein Bewußtsein eindringt, ihm als Wirklichkeit, Wahrheit und Tatsache erscheint. Dabei ist es gleichgültig, ob es sich um einen Beinbruch, ein Erdbeben, einen Traum oder einen genialen Gedanken handelt — mit anderen Worten, ob das Geschehnis materiellen oder geistigen Charakter hat. Ob ein anderer Mensch diese »Wirklichkeit« ebenfalls erlebt, anders erlebt oder nicht erlebt, ist gleichgültig, denn alle Erfahrungen und alle Erlebnisse sind individuell und nicht übertragbar.

Analysieren wir die soeben erwähnten Tatsachen

kritisch, so kommen wir unfehlbar zu der Überlegung, daß die Sinne ein falsches Bild vermitteln und daß eine Sinneserfahrung alles andere als »die Wirklichkeit« darstellt. Die Sinne vermitteln uns nur eine teilweise und unvollständige Wahrnehmung. Sie enthüllen nur, was an der Oberfläche liegt, den äußeren Schein, nicht aber die innere Struktur. Wären unsere Augen einem Elektronenmikroskop ähnlich — was die Natur uns mit Leichtigkeit hätte schenken können —, so würden wir statt Felsen, Erde und Wasser ein ungeheures Gewimmel von Molekülen erkennen, wo Elektronen mit fantastischer Schnelligkeit um einen Atomkern kreisen. Wir würden auch entdecken, daß Atome wie Eisen, Gold und andere Metalle trotz ihrer Härte im Verhältnis zu ihrer Größe leerer sind als der Raum, welcher in unserem Sonnensystem zwischen der Sonne und ihren Planeten besteht. Wenn wir hellsehend wären, könnten wir alle inneren Organe unseres Körpers bei der Ausübung ihrer Tätigkeit verfolgen. Das zeigt sehr eindrücklich, wie weit die Wirklichkeit von der Wahrnehmung der Sinne und den uns durch sie vermittelten Erlebnissen entfernt ist.

Sind wir somit auf Grund unserer Sinneswahrnehmungen von etwas überzeugt und sprechen wir dann in gutem Glauben von einer Tatsache, so sind wir von der Wahrheit ungefähr so weit entfernt, wie wenn wir die Bekleidung eines Menschen für den Menschen selber hielten.

Wie aber können wir denn die Wirklichkeit erfassen?

— Um es plump zu sagen: Wir können nie ganz zu ihr vordringen, sie nie ganz erkennen, denn sie ist so außerordentlich kompliziert, enthält derart viele außersinnliche Aspekte vom Kleinstwesen von Millionstel-Millimetern bis zu Riesengestirnen in Abständen von Milliarden Lichtjahren, daß unser Vorstellungsvermögen einfach nicht mitkommen kann und die uns zur Verfügung stehenden sinnlichen und geistigen Möglichkeiten nicht ausreichen. Die tatsächliche Wirklichkeit ist für den Menschen so unfaßbar wie die Mechanik eines Komputers für einen Wurm!

Wenn die Wissenschaft anhand ihrer Experimente einen Bericht abgibt, so glaubt sie in jenem Moment »die Wirklichkeit« gefunden zu haben. Das stimmt aber nicht. Sie ist ihr nur ein klein wenig näher gerückt. Die Forschung geht immer weiter, und in nicht allzu langer Zeit wird sie durch neue Entdeckungen die früher als Wirklichkeit empfundene Erkenntnis widerlegen. Wir müssen uns daher klar werden, daß die Überzeugung, etwas zu wissen oder zu verstehen, keinen Anspruch auf wahres Wissen stellen kann, denn *wir wissen nie, sondern glauben nur zu wissen.*

Durch die Erlebnisse und Erfahrungen der Sinne, die wir als »Wirklichkeit« hinnehmen, sehen wir also etwas, was von der wirklichen Wirklichkeit stark abweicht und im besten Falle ein Teilstück derselben darstellt. Ohne eine wesentliche Erweiterung unseres Erkenntnisvermögens, d. h. ohne dessen unbeschränkte Ausdehnung — was für ein Wesen von räumlicher und zeitlicher

Beschränkung unmöglich ist —, wird der Mensch in absehbarer Zukunft die tatsächliche Wirklichkeit nicht erkennen können. Wer somit erforschen will, was Gott, die Schöpfung, das Weltall, Geist, Bewußtsein, Intelligenz, Energie, Wachstum, Leben, Vergänglichkeit und Ewigkeit in Wirklichkeit sind, der vergesse nie, daß alle bisherigen Erkenntnisse nur Anschauungen eines qualitativ, quantitativ und zeitlich sehr beschränkten Beobachters sind und daß es sich weder bei naturwissenschaftlichen noch bei religiösen Erkenntnissen um sogenannte »ewige, unveränderliche Wahrheiten« handelt, sondern um momentane, verhältnismäßig kurzfristige, nur einer gewissen Zeit zugehörige und nur einen winzigen Raum des Kosmos betreffende Richtlinien. Die »Wirklichkeit« eines beschränkten Wesens ist auf seine Umgebung, seine Erkenntnisfähigkeit und die Zeit seines Lebens beschränkt und kann daher nie mit der unbeschränkten, wahren Wirklichkeit identisch sein.

Fußnote für Seite 13
*) Alle Materie ohne irgendwelche Ausnahme, besteht aus Atomen und Atomverbindungen, d. h. Molekülen, die sich nach neueren Forschungsergebnissen als reine Ballungen von Energie erwiesen haben. Jedes Atom, jedes Molekül, kurz jede nur erdenkliche Materiezusammensetzung stellt nur ein ihr eigenes Schwingungssystem dar, in dem sogenannte Elektronen mit blitzartiger Geschwindigkeit um einen Energiekern kreisen. Die Verschiedenartigkeit des Aussehens und der Eigenschaften der Materien beruht einzig auf der Mannigfaltigkeit der Schwingungssysteme, also auf einer Energie-Kombination, die für jede Materie anders ist. Das uns durch unsere Sinne vermittelte Bild der Materialität ist somit eine Illusion.

WAS SIND MATERIE UND GEIST?

Da unsere menschliche Erkenntnis auf der Wahrnehmungsmöglichkeit unserer fünf Sinne beruht, die zur Hauptsache auf Materie und Materielles reagieren, fühlen wir uns naturgemäß mit der Materie am besten vertraut. Wir hegen daher gefühlsmäßig die Überzeugung, daß wir wissen, was Materie ist. Wir wünschen deshalb auch, um an etwas glauben zu können, einen »materiellen Beweis« dafür zu erhalten. Wenn wir aber heute einen Physiker — also einen Mann, dessen Aufgabe es ist, die Materie zu erforschen — fragen, was Materie in Wirklichkeit sei, wird er uns keine Antwort geben können, denn er weiß es nicht!

Er weiß nur — und das erst seit wenigen Jahren — was sie nicht ist, d. h. er weiß, daß Materie keine Materie ist!

Die Physiker haben die Materie nämlich »entmaterialisiert«, und jene von ihnen, die zu dieser Entmaterialisierung große Beiträge geleistet haben, sind paradoxerweise für diese scheinbar negative Tat mit dem Nobelpreis ausgezeichnet worden, so z. B. *Max Planck, Einstein, Schrödinger, Heisenberg, Dirac, Pauli* usw.*) War das aber wirklich eine negative Tat oder Erkenntnis? Nein! In Wirklichkeit handelt es sich um die vielleicht positivste Entdeckung, die die Wissenschaft je gemacht hat, denn durch sie wurde nicht weniger als das ganze Weltbild verändert und eine Geisteswissenschaft geboren!

Der bekannte Physiker *Sir James Jeans* schrieb denn auch in seinem Buch »Der Weltenraum und seine Rätsel«[1]): »Heute ist man sich ziemlich einig darüber — und auf der physikalischen Seite der Wissenschaft fast ganz einig —, daß der Wissensstrom auf eine nichtmechanische Wirklichkeit zufließt. Das Weltall sieht allmählich mehr wie ein großer Gedanke als wie eine große Maschine aus.«

Heisenberg seinerseits erklärt in seinem Buch »Der Teil und das Ganze, Gespräche im Umkreis der Atomphysik«[2]): »Atome sind offenbar keine Dinge mehr. Wenn man bis zu den Atomen hinabsteigt, gibt es eine solche objektive Welt in Raum und Zeit gar nicht.«

Max Planck schließlich, der Autor der Quantentheorie, die wie ein Erdbeben das physikalische Weltbild erschütterte, machte an einem Gelehrtenkongreß in Florenz folgende Ausführungen: »Als Physiker, also als Mann, der sein ganzes Leben der nüchternen Wissenschaft der Erforschung der Materie widmete, bin ich sicher vom Verdachte frei, für einen Schwarmgeist gehalten zu werden. Und so sage ich nach meinen Erforschungen des Atoms folgendes: Es gibt keine Materie an sich! Alle Materie entsteht und besteht nur durch eine Kraft, welche die Atomteilchen in Schwingung bringt und sie zum winzigsten Sonnensystem des Atoms zusammenhält. Da es im ganzen Weltall aber weder eine intelligente noch eine ewige Kraft gibt — es ist der Menschheit nie gelungen, das heißersehnte Perpetuum mobile zu erfinden — so müssen wir hinter dieser Kraft einen bewußten, intelligenten Geist annehmen. Dieser Geist ist der Urgrund aller Materie. Nicht die sichtbare, aber vergängliche Materie ist das Reale, Wahre, Wirkliche, sondern der unsichtbare, unsterbliche Geist ist das Wahre!«

Da die meisten Leser dieser Zeilen wahrscheinlich von Quantenphysik gehört haben, aber nicht recht wissen, was der Unterschied ist zwischen klassischer und Quantenphysik, wollen wir denselben kurz erörtern: Er besteht darin, daß nach der klassischen Physik sich alles physische Geschehen nach einem Uhrwerkmodell abspielt, d. h. nach Ursache und Wirkung. Man glaubte mit der Kenntnis der Ursache immer vorhersagen zu können, welche Wirkung daraus entstehen *müsse*. Aus dieser Theorie ergab sich der sogenannte »Determinismus«, nämlich die Weltanschauung, laut welcher die Weltgeschehnisse in genau vorbestimmten Bahnen ablaufen. In dieser Theorie gibt es keinen Platz für einen freien Willen.

Die Quantentheorie besagt nun, daß die Newtonschen Gesetze der klassischen Physik wohl für die Masse und für statistische Zwecke gültig seien, nicht aber für individuelle Teilchen, da sich diese oft unstet, d. h. nicht im Einklang mit den Gesetzen verhalten.

Der Physiker *Pascual Jordan* illustriert dies ausgezeichnet in seinem lehrreichen Buch »Der Naturwissenschaftler vor der religiösen Frage«[3]), wo er die Sache etwa so erläutert:

Wir wissen, daß Radium-Atome die Fähigkeit haben,

sich zu zerteilen, d. h. wenn wir ein Milligramm Radium nehmen, das ja eine ungeheure Anzahl einzelner Radium-Atome enthält, so kann ein Physiker genau ausrechnen, in welchem zeitlichen Verlauf diese Radium-Menge zerfallen sein wird, weil er nach einer naturgesetzlichen, mathematischen Formel diesen Ablauf kennt. So wie die Astronomen das Erscheinen von Himmelskörpern, Sonnen- und Mondfinsternissen im voraus zu berechnen in der Lage sind, so ist auch die Strahlung des Radiums festgehalten, und man kann voraussagen, wann nur noch 90% oder 30% oder 10% der ursprünglichen Radium-Menge übrig geblieben sein werden.

Wenn wir nun das Experiment mit einem einzigen Radium-Atom machen und den Physiker fragen würden, wann dasselbe zerfallen sein werde, so muß er uns die Antwort schuldig bleiben, denn er weiß es nicht. Es kann nämlich schon in den nächsten Minuten zerfallen oder in 10 000 Jahren noch unzerfallen existieren! Für das einzelne Atom gibt es nämlich keine naturgesetzliche Formel, es unterliegt keiner uns bekannten Vorausbestimmung, also keiner Determinierung. Es kann »gesund« bleiben und dann plötzlich, ohne irgendwelche Warnung oder »Krankheitserscheinung«, zerfallen.

Zur Verdeutlichung des Gesagten liefert *Jordan* ein einleuchtendes Beispiel aus dem täglichen Leben. Der Leiter einer großen Lebensversicherung kann anhand seiner Statistik ziemlich genau voraussagen, wieviele seiner Versicherten im kommenden Jahr sterben werden (unter Ausschluß von Katastrophen), denn sein Unternehmen hat die Sterbeziffer seit vielen Jahren verfolgt und genaue Erfahrungen gesammelt, also eine wirklich zuverlässige Formel aufgestellt, anhand welcher die Versicherungsprämien errechnet worden sind. Wäre diese Formel falsch gewesen, so hätte die Versicherung entweder Verluste erlitten oder übermäßige Gewinne erzielt.

Würde nun aber ein einzelner Versicherter den Leiter dieser Lebensversicherung fragen, wie lange er noch leben werde, so könnte ihm dieser keine Antwort erteilen, denn das geht aus der Statistik nicht hervor. Die Formel gilt nur für die Gesamtheit der Versicherten, nicht aber für den einzelnen Menschen, dessen Lebensablauf nicht der statistischen Vorausbestimmung, der Determinierung, unterstellt ist. Wie also das einzelne Radium-Atom dem Naturgesetz über den Zerfall des Radiums nicht unterstellt ist, so kann die Sterbestatistik der Lebensversicherung auf die Lebensdauer eines einzelnen Individuums nicht angewandt werden. Alle Formeln beziehen sich immer auf ein großes Quantum der darin erfaßten Erscheinungen oder Erfahrungen, und da stellt sich leicht die Frage, wie groß dieses Quantum sein müsse, um Gültigkeit zu erlangen, bzw. wo die Grenze liege zwischen dem Geschehen, das dem Naturgesetz unterstellt ist und jenem des einzelnen Atomes oder Individuums, auf das das Naturgesetz keine Anwendung mehr findet. Die Antwort ist die, daß es keine solche Grenze gibt, genau wie man keine Grenze kennt zwischen einzelnen Sandkörnern und einem »Haufen« derselben. Der »Haufen« ist ohnehin ein unbestimmtes Quantum, und keiner kann sagen, bei welcher Menge die Bezeichnung »Haufen« anfängt oder aufhört. Genauso gibt es auch keine scharfe Grenze für die Anwendbarkeit statistischer Vorhersage. In Wirklichkeit ist jedes endliche Kollektiv als Durchschnittsgesetz nur bis auf Schwankungen gültig, wobei die Schwankungen umso größer sind, je kleiner das Kollektiv ist. Nur ein unendliches Kollektiv wäre der wirkliche Durchschnitt und keinen Schwankungen mehr unterworfen, aber ein unendliches Kollektiv gibt es nicht. Wenn jedoch das Gesetz des Determinismus Schwankungen unterstellt ist, dann ist die Bezeichnung »Determinismus« falsch, und wir können höchstens sagen, daß nach statistischen Beobachtungen *wahrscheinlich* die zu erwartende Reaktion folgen wird. Das Resultat ist also unscharf. Entsteht nun eine Abweichung vom Gesetz der klassischen Physik wie z. B. der Zerfall eines Radium-Atomkerns, so nennt man das einen »Quantensprung«.

Die Quantenmechanik oder Quantenphysik lehrt somit, daß es im Gegensatz zu Newtons Kausalgesetz im Naturgeschehen echte Unvorausbestimmbarkeit bzw. echten Indeterminismus gibt.

Diese Unvorausbestimmbarkeit oder dieser Indeterminismus beschränkt sich auch in keiner Weise auf das Beispiel des radioaktiven Zerfalls. Im Gegenteil, alles physikalische Geschehen ist nicht etwa durch fließende Übergänge gekennzeichnet, sondern vielmehr durch ein Konzert von verschiedenartigsten Quantensprüngen, d. h. von nicht voraussseh- oder vorher berechenbaren Naturgeschehnissen. Wir brauchen bloß an die Bildung von Schnee- und Eiskristallen, die Austrocknung von Lösungen, die Erstarrung von Lava, von metallischen Schmelzen, das Entstehen mineralischer Kristalle, des Tropfgesteins, des Schaumes am Meeresstrand, der Wolken am Himmel, des Blitzes, die Befruchtung oder Nichtbefruchtung der Blüten durch Insekten usw. zu denken, um uns ein Bild der Unvoraussehbarkeit der Naturereignisse zu machen.

Der Grund, warum die individuelle Unvorausbestimmbarkeit epocheartige Bedeutung aufweist, liegt darin, daß sie dem Mythos, Materie sei leblos, ein Ende bereitet:

Denn wenn individuelle Atome unvorausbestimmbar reagieren, so enthalten sie irgend etwas, das vermuten läßt, es wirke in ihnen eine Intelligenz oder eine Bewußtheit, auf alle Fälle eine unbekannte und unvoraussehbare Kraft mit eigenem Willen, und eine solche Eigenschaft kann man nicht mit etwas Totem identifizieren. Materie muß also nicht nur, weil sie aus ewig dauernden Schwingungen besteht, als etwas Lebendiges angesprochen werden, sondern ebensosehr, weil sie Individualität besitzt.

Nun, seit der Erfindung elektronischer Geräte und Mikroskope ist die Atomforschung mit Riesenschritten vorwärts gegangen, und während in den dreißiger Jahren die drei Elementarteilchen Protonen, Neutronen und Elektronen noch als die grundlegenden Bestandteile der Materie galten, hat man seither mehr als hundert weitere entdeckt. Man hat sie entweder in der kosmischen Strahlung gefunden oder sie experimentell im Laboratorium hergestellt. Mit großer Wahrscheinlichkeit sind aber auch diese kleinsten und z. T. kurzlebigsten bis heute entdeckten Elementarteilchen gar nicht elementar, sondern sie bestehen fast sicher aus noch elementareren Einheiten!

Je mehr man nämlich in die Beschaffenheit der Materie eindringt, umso immaterieller und geistähnlicher wird sie.

Zudem konnte man die Umwandlung von Elementarteilchen in Energie und umgekehrt feststellen. Wenn z. B. ein *Photon*, d. h. ein Lichtquant ohne Ruhemasse (nämlich Elementarteilchen, aus dem jeder Lichtstrahl besteht), an einem Atomkern vorbeifliegt, verwandelt es sich in ein Elektron und ein Positron oder sogar in ein Paar derselben, die beide Masse besitzen. (Ein Positron ist ein Elektron mit positiver statt negativer Ladung. Es wird auch Anti-Elektron genannt.) Wenn nun aber ein Elektron und ein Positron aufeinandertreffen, zerstören sie sich gegenseitig, bzw. sie löschen sich aus, und ihre gemeinsame Masse wird zu Energie. Wir sehen somit, daß Materie und Energie ineinander verwandelbar und somit artmäßig, wenn auch nicht nach ihrer Form, das Gleiche sind. Artmäßig Gleiches, das aber formmäßig verschieden ist, gibt es oft, und wir erwähnen hier nur das Beispiel von Wasser und Eis. Bei Temperaturen über Null ist Wasser flüssig, unter Null hingegen wird es zu starrer, harter Masse. Artmäßig Gleiches kann also ganz verschiedene Formen aufweisen.

Wir wollen nun einige wenige Elementarteilchen herausgreifen, die für die Frage »Was ist Materie?« von Bedeutung sind, und befassen uns zunächst mit dem *Meson*. Es handelt sich bei ihm um Elementarteilchen mit extrem kurzer Lebensdauer. Es wurde 1937 in den kosmischen Strahlen entdeckt. Seine Masse ist mehrere hundertmal größer als diejenige des Elektrons, aber seine Lebensdauer beträgt sage und schreibe nur etwa ein Trillionstel einer Sekunde! Es ist für uns Menschen unmöglich, uns von der Kürze dieser »Lebensdauer« ein Bild zu machen und daher kaum abwegig, zu fragen, ob derartige Elementarteilchen wirklich noch als Materie anzusprechen sind, ja ob man bei solcher »Kurzlebigkeit« überhaupt noch von »Leben« oder »Dauer« reden kann — nimmt doch der Sterbeakt eines Menschen trillionenmal mehr Zeit in Anspruch! *Pascual Jordan* sagt, daß die heutigen, experimentellen Hilfsmittel es erlauben, sogar Teilchenarten mit einer durchschnittlichen Lebensdauer von zehntausend Trillionstel einer Sekunde festzustellen. Für Leser, die weniger geübt sind, mit hohen Zahlen zu rechnen, sei erwähnt, daß eine Trillion eine Million Billionen darstellt, und eine Billion ist eine Million Millionen!

Ein weiteres Elementarteilchen mit ganz außerordentlichen Eigenschaften ist das 1930 von *Wolfgang Pauli* aus rein theoretischen Gründen geforderte *Neutrino,* dessen tatsächliche Existenz dann 1953 von *F. Reines* und *C. Cowan* nachgewiesen wurde. Dieses Partikel hat paradoxerweise praktisch überhaupt keine physikalischen Eigenschaften, denn es fehlen ihm Masse, elektrische Ladung und ein magnetisches Feld, es wird weder von der Schwerkraft angezogen noch von den elektrischen oder magnetischen Feldern anderer Teilchen, an denen es vorbeifliegt, eingefangen oder abgestoßen. Es kann sich mit Lichtgeschwindigkeit fortbewegen und ebensoleicht durch massive Gestirne als durch leeren Raum hindurchfliegen. Vielleicht, während wir dieses Teilchen hier besprechen, fliegen Neutrinos — die möglicherweise aus anderen Milchstraßen gekommen sind — durch unseren Körper und sogar durch unser Gehirn hindurch, ohne daß wir ihrer gewahr werden.

Ein Neutrino kann nur durch einen direkten, frontalen Zusammenstoß mit einem anderen Elementarteilchen aufgehalten und dessen Existenz auf diese Weise erkannt werden, und die Wahrscheinlichkeit eines solchen Zusammenstoßes soll sich ungefähr in einem Verhältnis von eins zu zehn Milliarden bewegen.

Ein Neutrino ist also ein Materieteilchen ohne für uns wahrnehmbare, physikalische Eigenschaften, und die Forscher haben bereits über die Möglichkeit spekuliert, ob nicht noch andere, ähnliche Teilchen existieren könnten, die vielleicht als Bindeglied zwischen Materie und Geist in Betracht kämen.

Die Entdeckung des Neutrinos stellt uns nämlich vor die Frage, ob der Unterschied zwischen Materie und Geist artmäßig nicht ähnlich demjenigen ist, der zwischen Wasser und Eis existiert, mit anderen Worten, daß Materie verdichteter Geist wäre!

Es haben sich daher gewisse Forscher mit diesem Problem befaßt, und der Astronom *V. A. Firsoff* schrieb z. B. in seinem Buch »Life, Mind and Galaxies«[4]), der Geist sei eine universelle Wesenheit oder Wechselwirkung von derselben Art wie Elektrizität oder Schwerkraft, und es müsse ein Transformationsmodul existieren, durch das der »Geistesstoff« (er betrachtet also auch den Geist als einen »Stoff«) mit anderen Einheiten der physikalischen Welt gleichgesetzt werden könnte. Solchen Elementarteilchen des »Geistesstoffs« wollte er die Bezeichnung »Mindons« (abgeleitet von *mind* = Geist) geben, und ihre Eigenschaften wären neutrino-ähnlich.

Wir wollen hier noch einige interessante Zitate aus seinem Buch vermitteln. Er schreibt weiter:

»Wenn man das Universum mit einem Neutrino-Auge betrachten könnte, würde es sehr fremdartig aussehen. Unsere Erde und andere Planeten würden einfach nicht da sein oder bestens als schwache Nebelflecke erscheinen. Die Sonne und andere Sterne wären — sofern sie Neutrinos aussenden — nur undeutlich erkennbar...

Unser Universum ist nicht wahrer als das der Neutrinos. Sie existieren, aber in einer andern Art von Raum, der von anderen Gesetzen beherrscht wird... In unserem Raum kann kein materieller Körper die Lichtgeschwindigkeit überschreiten, weil bei dieser Geschwindigkeit seine Masse und somit auch seine Trägheit unendlich groß werden. Das Neutrino jedoch unterliegt weder den Gravitations- noch den elektromagnetischen Feldern, so daß es nicht notwendigerweise an diese Geschwindigkeitsgrenze gebunden ist und seine eigene, andersartige Zeit haben mag.

Es könnte in der Lage sein, sich mit Über-Lichtgeschwindigkeit fortzubewegen, wodurch es sich in unserer Zeitrechnung, relativistisch gesehen, rückwärts bewegen würde!

...Aus unserer früheren Analyse der Psychischen Einheiten ist deutlich geworden, daß sie keinen bestimmten Ort im sogenannten ‚physikalischen' oder besser gravi-elektromagnetischen Raum haben, worin sie einem Neutrino ähneln oder auch einem schnellen Elektron.

Das läßt bereits eine verborgene Art von psychischem Raum vermuten, der von anderen Gesetzen beherrscht wird, was durch parapsychologische Experimente an der Duke Universität und anderswo bestätigt wird... Es scheint, ... daß diese Art der Wahrnehmung psychische Wechselwirkungen umfaßt, die eigenen Gesetzen unterliegen und einer anderen Raum-Zeit-Definition bedürfen.«

Eine wieder ganz andere, aber nicht weniger außergewöhnliche Theorie entwickelte 1931 *Paul Dirac*, Physikprofessor in Cambridge, die ihm 1933 den Nobelpreis eintrug:

Er postulierte, daß der Raum nicht, wie es uns scheint, leer, sondern von einem Meer von Elektronen mit negativer Masse gefüllt sei!

Da nach dieser Hypothese diese Minus-Energie-Elektronen in keinerlei Wechselbeziehung zu physischen Materien oder Energien stehen, können sie sich in unserer Welt auch nicht manifestieren. Es ließe sich aber vorstellen, daß gelegentlich eine hochenergetische kosmische Strahlung auf eines dieser Gespenster-Elektronen aufprallt und ihm dann ihre eigene Energie abgibt. Das würde das Gespenster-Elektron in ein normales Elektron mit positiver Masse verwandeln und es somit dem Meer von negativer Masse entreißen. Es entstünde dann an jenem Ort eine Art »Loch«. Dieses Loch wäre eine Negation der negativen Masse, d. h. es würde eine positive Masse haben. Es wäre aber auch eine Negation der negativen elektrischen Ladung seines früheren Inhabers, denn es würde dann eine positive Ladung haben. Das »Loch« im kosmischen Elektronenmeer wäre eine der experimentellen Physik unbekannte neue Teilchenart, die die gleiche Masse, aber die entgegengesetzte Ladung eines Elektrons hätte. *Dirac* nannte ein solches Teilchen ein *»Anti-Elektron«*. Dieses Anti-Elektron wäre laut ihm jedoch ganz kurzlebig, weil sehr bald ein normales Elektron von diesem »Loch«

angezogen und eingezogen würde, wodurch sich diese beiden Teilchen gegenseitig auslöschten.

Ein zweiter Forscher, *Carl D. Anderson* am *California Institute of Technology*, entdeckte in der Nebelkammer, wo diese Experimente stattfinden, bei der Untersuchung der Spuren von Elektronen aus der kosmischen Strahlung, ohne Kenntnis von *Diracs* Theorie, daß einige von ihnen beim Durchgang durch ein starkes magnetisches Feld in die entgegengesetzte Richtung wie normale Elektronen mit negativer Ladung abgelenkt wurden. Er folgerte daraus, daß diese unbekannten Teilchen positiv geladene Elektronen sein müßten, und er gab ihnen den Namen »*Positronen*«. Es handelte sich tatsächlich um die von *Dirac* beschriebenen »Anti-Elektronen« oder »Löcher«.

Seit diesen Entdeckungen ist es den Physikern gelungen, zu jedem bekannten Elementarteilchen das entsprechende Anti-Teilchen zu finden, das ihm, abgesehen davon, daß seine elektrische Ladung, seine magnetische Beschaffenheit und sein »Spin« den normalen Teilchen entgegengesetzt sind, in jeder Hinsicht gleicht.

Anti-Teilchen sollen aber unter normalen Bedingungen sehr selten sein. Ihre Entstehung kann entweder durch Strahlung aus dem Weltraum oder durch Bombardierung der Materie mit sehr starken Geschossen verursacht werden, und sie sind stets sehr kurzlebig, denn sobald ein Anti-Teilchen mit seinem normalen

Gegenstück zusammentrifft, löschen sie sich gegenseitig aus.

Es wird für möglich gehalten, daß es sogar andere Milchstraßen geben kann, die aus Anti-Materie bestehen und daß dadurch kosmische Geschehnisse wie eine Supernova oder starke Quellen von X-Strahlen, die von einem Zusammenstoß und gegenseitiger Vernichtung von ganzen Wolken aus Materie und Anti-Materie herrühren, entstehen können.

Vorgänge, an denen negative oder nur hypothetisch existierende Massen beteiligt sind, kommen in der modernen Quantentheorie oft vor, und Prof. *H. Margenau* von der Yale Universität hat sie wie folgt beschrieben:[5])

»An der vordersten Front der gegenwärtigen, physikalischen Forschung halten wir es für notwendig, die Existenz ‚virtueller Vorgänge' herbeizuführen, die von extrem kurzer Dauer sind.

Eine sehr kurze Zeitlang kann jeder physikalische Vorgang in einer Weise ablaufen, die den heute bekannten Naturgesetzen widerspricht, und sich dabei stets hinter dem Mäntelchen der Unschärferelation verstecken. Wenn ein beliebiger physikalischer Vorgang beginnt, sendet er ‚Fühler' in alle Richtungen aus, Fühler, in denen die Zeit umgekehrt sein kann, normale Gesetze verletzt werden und unerwartete Dinge geschehen können.

Diese virtuellen Vorgänge sterben dann aus, und nach einer gewissen Zeit beruhigt sich die Materie wieder.«

Ganz ähnlich äußert sich auch Prof. *David Bohm* vom Birkbeck College der Universität London. Die Lehre nun, die durch die jüngsten Ergebnisse der Erforschung der Materie entstehen muß, ist, daß das Universum physikalisch nicht erklärt werden kann und sich keinesfalls im Physikalischen erschöpft! Unsere physikalische Welt ist nur ein Teil desselben — der von uns wahrnehmbare Teil —, und wenn es Antimaterie gibt, die sich in unserer Welt nicht manifestiert, aber bei Konfrontation mit Materie dieselbe auslöschen kann, dann müssen wir zugeben, daß die Mannigfaltigkeit des Universums unsere wildesten Träume und Fantasien weit übersteigt, so daß sogar eine riesige Erweiterung des menschlichen Bewußtseins nicht alle Geheimnisse der Natur zu enthüllen vermöchte.

Gehen wir nun vom Studium der Materie zu demjenigen des Geistes über, so wissen wir bereits im voraus, daß wir die Frage, was Geist ist, eher noch weniger beantworten können als jene, was Materie ist. Geist ist ja gerade das, was physikalisch nicht meßbar und auch nicht erklärbar ist. Wir können aber aus den Auswirkungen des Geistes auf die Materie Rückschlüsse auf dessen Eigenschaften ziehen, und hier ist in erster Linie zu erwähnen, daß alles, was existiert und je existieren wird, was irgendeine Organisation darstellt, immer und ausnahmslos vorher gedacht worden sein muß.

Es kann sich nichts Intelligentes ohne Intelligenz,

oder etwas Planmäßiges ohne Plan bilden, und weil jedes Atom oder Molekül eine zweckmäßige, also nicht planlose Organisation verkörpert, ist seine Entstehung ohne Intelligenz, ohne Geist, unmöglich. Der Anfang von allem Zweckmäßigen — und die ganze Schöpfung strotzt von Zweckmäßigkeit — ist somit der Gedanke.

In zweiter Linie müssen wir festhalten, daß, wenn sich ein Geistbild, d. h. ein Gedanke, verwirklicht, er dies nicht ohne Energie tun kann. Dem Geist oder dem Gedanken wohnt daher mit Bestimmtheit eine Kraft inne, die das schaffen kann, was im Kosmos geschaffen worden ist. Es folgt also, daß Materie langsam durch Geist — der eine untrennbare Einheit von Intelligenz und Energie darstellt — aus Geist (es gibt und gab ja nichts, uns bekanntes, anderes) aufgebaut wurde. Kann sich aber Geist materialisieren, d. h. zu dem verdichten, was uns die Vorstellung des Materiellen gibt, dann ist Materie eben verdichteter Geist!

Wir wollen nun anhand von Beispielen den Einfluß und die Macht des Geistes über die Materie beleuchten:

Mineralien betrachtet man allgemein als Materie, die insofern träge ist, als sie auf die Umwelt keinen Einfluß ausübt. Dies ist aber ein Irrtum. Der Einfluß von Mineralien ist nur so schwach, daß die menschlichen Sinne ihn normalerweise nicht wahrnehmen. Es gibt aber sensitive Menschen, die auf gewisse Mineralien allergisch reagieren und unter deren Einfluß leiden. Als Beispiel sei auf das Buch »Die Seherin von Prevorst« des Arztes *Justinus Kerner* (J. F. Steinkopf Verlag,

Stuttgart) verwiesen, in welchem ganze Kapitel der Einwirkung von Mineralien auf seine Patientin Friederike Hauffe gewidmet sind. Er sagt darin z. B., daß Glas und speziell Bergkristall »eine völlige kataleptische Erstarrung all ihrer Glieder« verursachten.

Die gleiche Wirkung hatte auch Sand. Einmal habe man Frau Hauffe lange vermißt und sie schließlich auf dem oberen Boden des Hauses in einer Kammer gefunden, in der Sand war. Sie saß auf einem Sandhaufen, von dem sie nicht mehr herunterkommen konnte, weil sie ganz steif geworden war. Auch beim Sitzen auf einer Bank aus Sandstein widerfuhr ihr das gleiche.

Flußspat andererseits bewirkte bei ihr höchste Muskelweichheit.

Weißer Schwerspat (die schwefelsaure Schwererde) vermochte die von Krämpfen gekrümmten Glieder wieder zu lösen.

Diamanten wirkten auf eine ganz merkwürdige Art auf die Augen von Frau Hauffe. Als man ihr ein ganz kleines, ungefaßtes Steinchen in die Hand gab, wurden die Augen ungewöhnlich weit geöffnet, die Augäpfel unbeweglich und gleichzeitig trat eine Steifheit der linken Hand und des rechten Fußes ein.

Rubin verursachte zuerst Schmerzen im Arm, dann ein unruhiges, unwillkürliches Bewegen, schließlich ein Gefühl von Kälte und Schwere an der Zunge, die dann nur noch lallend zu sprechen vermochte.

Kohlensaurer Baryt regte das Zwerchfell so auf, daß Frau Hauffe unwillkürlich und krampfhaft lachen und die Zunge ständig bewegen mußte.

Bei der Berührung von gelbem Flußspat fühlte sie im Mund einen säuerlichen Geschmack und fiel in einen magnetischen Schlaf, vor dem sie sich hie und da nur retten konnte, indem sie sofort Glas, z. B. die Fensterscheiben, anschaute.

Eine Berührung von Kochsalz, das sie in Speisen ohne Nachteil genießen konnte, bewirkte ein Brennen im Hals und Krämpfe im Hals und in den Armen.

Während die meisten Metalle Krämpfe verursachten, geschah dies bei Gold nicht, wohl aber eine Dehnung der Glieder und, bei völligem Wohlbefinden, ein Steifwerden der Muskeln.

Daß Wasserläufe unter der Erde eine Ausstrahlung haben, ist schon dadurch bewiesen, daß ihr Vorhandensein und ihr Verlauf mit Hilfe einer Wünschelrute erkannt werden kann. Wenn solche Wasserläufe sich unter einem Schlafzimmer befinden, können sie sensitiven Bewohnern Schlaflosigkeit und Unwohlsein verursachen.

Das widerlegt also die Ansicht, Mineralien seien träge und ohne geistigen Einfluß. Es beweist aber auch gleichzeitig, daß den Mineralien Geist innewohnt, denn ohne ihn wären sie eben träge.

Ein Nichtgewahrwerden von Ausstrahlungen und Einflüssen beweist noch lange nicht deren Nichtexistenz!

Der geistige Einfluß auf lebendige Materie ist naturgemäß viel offensichtlicher. Wir alle kennen das sogenannte »Lampenfieber«, wo der Furchtgedanke wohlgeübte Tätigkeiten behindern und sogar verhindern kann, oder das Phänomen des Schwindels, wo das Bewußtwerden der Gefahr des Fallens den vom Schwindel ergriffenen wirklich in den Abgrund hinunterzieht. Wir wissen, daß wir durch ein schlechtes Gewissen erröten oder vor Schreck erbleichen.

Die krassesten Beispiele liefern aber die Hypnose-Experimente[6]), von denen wir nachstehend einige in Kurzfassung wiedergeben:

Als erstes erwähnen wir das Entstehen einer Brandblase ohne Verbrennung. Wenn ein Hypnotiseur seiner Versuchsperson suggeriert, er berühre sie mit einer brennenden Zigarette, während er die Berührung nur mit einem Bleistift ausführt, so entsteht nach einiger Zeit am Berührungspunkt eine Brandblase, die sich in nichts von einer solchen, die durch eine wirkliche Verbrennung entstanden ist, unterscheidet.

Das zeigt mit unwiderlegbarer Klarheit, daß die bloße Suggestion, also allein der Gedanke, es habe eine Verbrennung stattgefunden, eine wirkliche Verbrennung ausgelöst hat, und daraus folgt, daß Gedanken fähig sind, etwas Materielles zu zerstören bzw. zu beeinflussen!

Es wurden aber noch viel interessantere Hypnose-Experimente gemacht. *Marx* z. B. suggerierte einer Versuchsperson, sie trinke eine große Menge Wasser, und sofort begannen nicht nur die Nieren mit der Absonderung der entsprechenden Menge Urin, sondern auch das Blutserum zeigte eine Verdünnung, wie wenn tatsächlich so viel Wasser getrunken worden wäre:

Der Gedanke, Wasser getrunken zu haben, produzierte oder materialisierte oder apportierte also auf unbegreifliche Weise eine Wassermenge in den Körper der Versuchsperson!

Noch auffallender war der Versuch *Thorsens.*[7]) Er verabreichte einem Patienten, der schon mehrmals Insulinspritzen zu therapeutischen Zwecken erhalten hatte, unter tiefer Hypnose eine Injektion von Kochsalz, und er suggerierte, es sei Insulin. Als Resultat traten genau wie nach einer Insulin-Injektion die bekannten nervösen Symptome wie Zittern, Schwitzen usw. auf. Eine Kontrolle des Traubenzuckergehalts des Blutes ergab folgende Resultate:

 Vor dem Versuch —————— 0,092 %
 5 Minuten nach der suggerierten
 Insulin-Spritze —————— 0,074 %
 Weitere 5 Minuten später —— 0,061 %

Die Traubenzuckermenge im Blut sank also um 31 %. Das bedeutet, daß so viel Traubenzucker im Blut chemisch zersetzt worden ist. Für dieses Phänomen läßt sich keine andere Erklärung finden, als daß eine starke Ausschüttung von Insulin aus den Inseln der Bauchspeicheldrüse in das Blut stattgefunden hat.

Eine Suggestion, d. h. die Kraft eines Gedankens, hat also dieses innersekretorische Organ in aktive Bewegung gesetzt und das echte Bild eines Insulinschocks mit all seinen nervösen Symptomen verursacht!

Wir sehen wiederum, was für eine mysteriöse Kraft von den Gedanken ausgeht und welchen Einfluß sie auf das materielle Geschehen auszuüben vermögen.

Bezeichnend ist ferner noch, daß eine hypnotisierte Person, wenn man ihr eine aufgeschnittene Zwiebel in die Hand gibt und ihr suggeriert, sie sei ein Veilchenstrauß, den »Duft« mit sichtbarem Wohlbehagen einatmen wird, ohne daß eine Einwirkung auf die Augenschleimhäute einträte! Gibt man ihr dagegen einen Veilchenstrauß in die Hand und suggeriert, er sei eine aufgeschnittene Zwiebel, so wird sie den Duft abscheulich finden und die Augenschleimhäute werden sofort Tränen strömen lassen!

Am 2. Internationalen Parapsychologen-Kongreß in Moskau vom 17.—22. Juli 1972[8]) haben sowietische Forscher einen Film vorgeführt, den sie »künstliche Reinkarnation« nannten. Darin wurde gezeigt, wie ein Hypnotiseur einem hypnotisierten Studenten den posthypnotischen »Befehl« erteilte, nach seinem Erwachen sei er Rachmaninow (d. h. der russische Komponist und Pianist, 1872 — 1943). Das Resultat war, daß der völlig unmusikalische Student ein hervorragendes Klavierspiel demonstrierte. Ein weiterer Film zeigte eine Studentin, die sich nach Erwachen aus dem hypnotischen Zustand als französischer Maler fühlte und sich entsprechend benahm. Sie war ihrer russischen Sprache nicht mehr mächtig.

Nach nochmaliger Hypnotisierung und Rückversetzung in ihre normale Persönlichkeit hatten beide keinerlei Erinnerungen an das, was mit ihnen geschehen war.

Gewaltige Zeugen geistigen Einflusses auf die Materie sind die Stigmen, d. h. die mysteriös auftretenden Wundmale Jesu, die bei sehr religiösen Menschen vorkommen, an Freitagen und speziell an Karfreitagen bluten, nachher wieder heilen, sich jeder medizinischen Behandlung widersetzen und für deren Vorkommen absolut kein materieller Grund besteht. In die gleiche Kategorie gehören auch die Erfolge der Geistheiler, die hie und da Krankheiten innerhalb einiger Minuten wie wegblasen können. Man hat auch Experimente mit Pflanzen gemacht und die Bestätigung erhalten, daß Geistheilung oder Segnung deren Wachstum fördert, während dasselbe durch eine Verfluchung behindert wird.

Ärzte erklären heute, daß die meisten menschlichen Krankheiten psychosomatischen Ursprungs sind, d. h. durch falsches Denken entstehen. Eine Krankheit, die heute noch, wenn auch viel seltener als früher, vorkommt, nämlich die Besessenheit, zeigt sehr eindrücklich die Macht der Gedanken über den physischen Körper. Bei dieser Krankheit wird ja bekanntlich die zum Körper gehörende Seele durch einen oder auch durch mehrere Besessenheitsgeister verdrängt, und der Körper wird zeitweise durch diese Geister in Besitz genommen. Wenn man mit einem solchen Besessenen spricht, antwortet nicht er, sondern seine ihn nun kontrollierenden Geister. Während einer Besessenheit kommt es sehr oft vor, daß der in Besitz genommene Körper nicht nur gequält, sondern auf eine grausame Art verwundet wird. Aber so wie ein Besessenheitsgeist schwere Verwundungen zufügen kann, ist es ihm auch möglich, diese Wunden überraschend schnell zu heilen. Er übt also eine unglaubliche Macht über den von ihm in Besitz genommenen Körper aus, und da er ein Geist ist, kann es sich nur um eine geistige Macht handeln.

All diese Tatsachen und Experimente veranschaulichen, daß Gedanken nicht nur fähig sind, die Haut zu verbrennen, Schleimhäute und Drüsen willkürlich in Gang oder nicht in Gang zu setzen, aus einem unmusikalischen Studenten einen guten Pianisten zu machen, einer Russin ihre Sprache wegzunehmen und sie französisch sprechen zu lassen, Stigmen zu erzeugen, geistige Heilungen zu vollziehen, Wachstum von Pflanzen zu fördern oder zu hindern, die Körper gewisser Personen in Besitz zu nehmen, sondern auch das Vorstellungsvermögen so zu beeinflussen, daß man die Welt nur so sieht, wie es suggeriert wurde, und nicht, wie sie wirklich ist bzw. im Wachzustand unseren Sinnen erscheint. Würde man z. B. einen Menschen lebenslänglich unter Hypnose halten und ihm ständig falsche Eindrücke suggerieren, so wären seine Erfahrungen in dieser Welt von denjenigen nicht-hypnotisierter Personen sehr verschieden, d. h. es würde ihm eine ganz andere Welt vorgetäuscht, an die er aber so felsenfest glaubte, wie wir an die Existenz der uns durch unsere Sinne in Erscheinung tretenden Materien glauben. Das zeigt mit Deutlichkeit, daß Gedanken sogar in der Lage sind, unser Bewußtsein zu beeinflussen und zu fälschen.

Wenn Geist aber Materie beinflussen, ja verändern kann, dann müssen zwischen ihnen Berührungspunkte existieren. Die Materie muß mit dem Geist wesensverwandt sein, sonst käme kein Kontakt zustande. Diese Wesensverwandtschaft wurde durch unsere Physiker erkannt, und man war sicher auf der rechten Spur, als man das Neutrino als eine Art Bindeglied zwischen Materie und Geist empfand und *Firsoff* den Geist als eine universelle Wesenheit oder Wechselwirkung von der Art der Elektrizität oder der Schwerkraft bezeichnete.

Auch seine Annahme eines »Geistesstoffs«, des Mindos, deutet ganz richtig an, daß der wahre Unterschied zwischen Materie und Geist darin liegt, daß die erstere grobstofflich, von unseren Sinnen wahrnehmbar, und der letztere feinstofflich, durch unsere Sinne nicht mehr wahrnehmbar ist:

Materie könnte also auch als grobstofflicher Geist und Geist als feinstoffliche Materie bezeichnet werden.

Sir Arthur Eddington faßte das in einem einzigen Satz zusammen, indem er schrieb: »Der Stoff der Welt ist der Stoff des Geistes.«

Wie die Materie sich in unzähligen Formen manifestiert, so gibt es auch unzählige Geistformen und sogar Geistarten wie Gedanken, Ideen, Bewußtheit, Bewußtsein, Erinnerungsvermögen, Schöpferkraft, Intelligenz, Gefühle, Emotionen und als Kombinationen oder Organisationen vieler dieser Geistformen: Seelen.

Wie die Physiker von allen bekannten Elementarteilchen der Materie das entsprechende Antimaterie-Teilchen gefunden haben, so haben sie auch entdeckt, daß alle materiellen Gebilde von — ihnen entsprechenden — elektrischen Feldern umgeben sind, die eine nur ihnen eigene, komplizierte Struktur besitzen.

Dr. *H. S. Burr* der Yale Universität (USA) sagte z. B.: »Wir können uns der Folgerung nicht entziehen, daß das elektrische Feld eines Organismus wesentlicher ist als dieser und letztlich die biologische Struktur bestimmt.«

Dr. *Gustav Stromberg* schreibt in seinem Buch »The Soul of the Universe«, psychische Formen seien Energie-Strukturen, deren Ursprung in einer nicht-physischen Welt liegt und welche ihre eigene Struktur besitzen. Er behauptet, daß die nicht-physische, also die geistige Welt die Energieformen, d. h. die Materie, beherrscht und daß lebender Stoff in dem durch Menschensinne unberührbaren Bereich entsteht. Seine Schlußfolgerung lautet:

»In der nicht-physischen Welt jenseits von Raum und Zeit... liegt der letzte Ursprung aller Dinge: Energie, Stoff, Leben, Bewußtsein und Geist. Kurz gesagt, es wird angenommen, daß alle Eigenschaften der Welt, die stofflichen *und* die geistigen, ihren Ursprung und ihre

‚Wurzeln' in diesem kürzlich entdeckten, außersinnlichen Reich haben.«[9])

Auch Ing. *Franz Seidl* in Wien hat in der Zeitschrift »Esotera«, No. 2, Februar 1973, einen Artikel geschrieben, in dem er über seine eigenen Experimente berichtet und von einem »Psi-Feld« als kosmischem Urfeld spricht.[10]) Er hat sich ein Gerät konstruiert, welches er »Psitron« nennt und welches, nach ihm, »langsam eine Aufschlüsselung paranormaler Phänomene ermöglicht.«

Er nimmt ein kosmisches Urfeld an, das er mit »Dimension Psi« bezeichnet, und diese Dimension stellt den Raumzustand dar. Er sagt wörtlich:

»Der Raum ist hiermit durch die Größe des kosmischen Energiefeldes definiert und nach *Riemann* und *Einstein* auch in dem Grenzfall, daß er keine materiellen Körper beinhaltet, an sich existent. Die Masse als Verdichtung der Energie, die äquivalent umkehrbar ist, steht in Wechselwirkung mit dem kosmischen Energiefeld, das subquantische Struktur haben und verschiedene Verdichtungsgrade aufweisen kann.«

Er erwähnt dann, daß schon *Faraday* der Auffassung gewesen sei, daß sich nicht das Feld auf die Materie stützen müsse, sondern umgekehrt die Materie nichts anderes sei als Stellen besonderer Feldverdichtungen. Auch *Hermann Weyl* habe gesagt: »Nicht das Feld bedarf zu seiner Existenz der Materie als seines Trägers, sondern die Materie ist umgekehrt eine Ausgeburt des Feldes.«

Ing. *Seidl* schreibt gegen den Schluß seiner Ausführungen noch: »Möglicherweise sind alle materiellen Formen nur der für unsere Sinne wahrnehmbare Ausdruck einer die Form bestimmenden, feinstofflichen Matrize.«

Die Welt ist somit eine Schöpfung, die aus Geist bzw. Gedanken entsteht und auch nur im Geiste, d. h. im Bewußtsein, existiert. Sobald bei Lebewesen mit Bewußtsein das Bewußtsein schwindet, verschwindet für sie auch die Welt. Geist und Bewußtsein existieren aber auch ohne die Welt. Es kann somit kein Zweifel bestehen, daß *Max Planck* eine tiefe Wahrheit verkündet hat, als er sagte: »Nicht die sichtbare, aber vergängliche Materie ist das Reale, Wahre, Wirkliche, sondern der unsichtbare, unsterbliche Geist ist das Wahre.«[11])

Über die verschiedenen Formen des Geistes und des Bewußtseins wird im nächsten Abschnitt eingehend berichtet.

BEWUSSTHEIT, BEWUSSTSEIN UND SEELE

Die meisten Menschen und Wissenschaftler hegen die Ansicht, der Weltraum zwischen den Gestirnen sei leer, aber das ist sicher ein Irrtum. *Paul Dirac* kam der Wahrheit sehr nahe, als er 1931 postulierte, dieser Raum sei von einem Meer von Elektronen mit negativer Masse gefüllt, die aber, weil sie in keinerlei Wechselbeziehung zu physischen Materien oder Energien stehen, sich in unserer Welt nicht manifestieren. Diese Anschauung eines Physikers, d. h. eines Erforschers der Materie, bewegt sich begreiflicherweise im Fahrwasser der Physik. Ein Parapsychologe vermutet aber eher, daß der Weltraum — und sogar das Innere der Materie selbst — von einem Meer latenten, sich quasi noch in amorphem Zustand befindlichen Geistes gefüllt sei, mit anderen Worten: von einer Bewußtheit, die noch jungfräulich und unbefruchtet ist, welche aber jederzeit von einer Idee ergriffen und verwendet werden kann.

Bewußtheit ist stets das allererste, was existieren muß, bevor irgendeine Idee, ein Gedanke oder ein Geistbild auftreten kann, denn erst durch die Bewußtwerdung sind Gedanken möglich. Wenn irgendwo eine Idee auftaucht, dann hat latente Bewußtheit Form angenommen, d. h. es ist ein Geistbild, welchem Intelligenz, Wille und Energie innewohnt, entstanden. Die in Gedanken enthaltene Kraft vermag latente, jungfräuliche Bewußtheit an sich zu ziehen und so latent-ruhenden Geist in aktiven Geist zu verwandeln. Wie das geschieht, ist unbekannt, aber das Auftreten von Quantensprüngen in der physischen Welt ist ebenso rätselhaft, und wir müssen die Geburt einer Idee aus der latenten Bewußtheit heraus als eine Art geistigen Quantensprung betrachten.

Was nun ist ein sogenanntes Geistbild?

Ganz einfach eine Dreier-Organisation von Intelligenz, Energie und Wille mit einem ihr beigegebenen Aktionsprogramm.

Diese Geistform oder geistige Struktur ist das, was Dr. *Burr* das elektrische Feld eines Organismus nannte, welches wesentlicher ist als dieser, oder von dem Dr. *Stromberg* sagte, die physischen Formen seien Energie-Strukturen, deren Ursprung in einer nicht-physischen Welt lägen und die ihre eigene, *immaterielle* Struktur besäßen. Seine, von Ing. *Seidl* unterstützte Behauptung, daß die nicht-physische, also die geistige Welt, die Energieformen, d. h. die Materie beherrsche und daß *alle Eigenschaften der Welt* ihren Ursprung und ihre »Wurzeln« in diesem außersinnlichen Reich hätten, stimmt also mit unserer Theorie in allen Punkten überein:

Alle physischen Körper, auch der menschliche, haben ihr geistiges Gegenstück, ihren »Geistkörper«, der wesentlicher ist als der physische.

Nur weil wir diesen Geistkörper mit unseren Sinnen nicht wahrnehmen können, betrachteten wir bisher das weniger Wesentliche, eben das Materielle, als das Wesentliche!

Diese Erkenntnisse haben zur Folge, daß wir die Atome und ihre Teilchen als kleinste Geistwesen betrachten müssen und nicht, wie es bisher geschehen ist, als etwas Totes!

Es gibt im ganzen Universum überhaupt nichts Totes, sondern alles ist durch Geist beseelt und von innen heraus lebendig. Wie könnten z. B. Kristalle, die in der Physik unangefochten in die Kategorie der leblosen Materien eingereiht werden, auch nach ihrer Zerstörung oder Auflösung immer wieder zu der bekannten Kristallform zurückkehren, wenn es sich nicht um Wesen mit einer geistigen Struktur handelte?

Wir haben bereits früher von der Individualität der Atome gesprochen und gesehen, daß sich viele von ihnen in unberechenbarer Weise unstet verhalten, was nicht sein könnte, wenn sie leblos wären. Es gibt aber noch viel gewaltigere Faktoren, die diese These stützen, zeichnet sich doch das ganze Naturreich durch Individualität aus. Wir würden keine zwei genau gleichen Natursteine, keine zwei genau gleichen Kristalle finden können, obwohl jeder Kristall sein geistiges Vorbild besitzt; ferner wenn wir tausend Eichenblätter nebeneinander legten, so wäre jedes von jedem andern leicht verschieden. Auch bei den Tieren und Menschen ist es nicht anders. Jedes Tier irgendeiner Gattung oder Rasse weicht in seiner Form von jedem anderen Tier derselben Gattung oder Rasse leicht ab, und bei den Menschen ist es ebenso.

Alles was natürlich entsteht, besitzt Individualität, während sich alle maschinelle Produktion durch Uniformität auszeichnet.

Wir haben bereits gezeigt, daß Materien einen Einfluß auf lebendige Wesen ausüben und daß sensitive Menschen wie Friederike Hauffe unter diesen Einflüssen leiden können. Da nun die Ansicht weit verbreitet ist, Materie sei tot und daher die beschriebene Beeinflussung entweder Einbildung oder von der beeinflußten Person selbst verursacht, möchte ich hier noch ein Beispiel einschalten, das diese Denkweise widerlegt. Ich frage: Warum rostet die tote Materie, die wir »Eisen« nennen? Darauf wird meistens geantwortet, dieses Metall werde durch Sauerstoff, oder bei den Automobilkarosserien durch das salzige Wasser der Winterstraßen »angegriffen«. Ob nun das Eisen selber, der Sauerstoff, das Wasser oder das Salz die Veränderung herbeiführen, ist einerlei, denn es handelt sich *bei allen* um sogenannte »tote Materien«, *die aber offensichtlich etwas tun!* Materien beeinflussen sich gegenseitig, und das heißt, daß sie nicht tot sein können.

Wenn ein Mensch stirbt, dann sagt man, er sei nun tot. Die Materie seines Leichnams bewegt sich nicht mehr. Das Leben ist aus ihr entwichen. Sie *tut* aber dennoch etwas oder wird immer noch beeinflußt, denn sie geht in Fäulnis über. Diese Veränderung des Leichnams wird durch sogenannte »tote Materien« bewerkstelligt, aber nicht planlos, sondern höchst zweckmäßig und sinnvoll. Es steckt also Intelligenz und Energie hinter dem Geschehnis, denn durch den Prozeß der Fäulnis entsteht wieder Nahrung für die Pflanzen. Das Gleiche geschieht, wenn im Herbst die Blätter der Bäume gefallen sind und am Boden verwesen. Sie verwandeln sich in Kompost, aus dem im Frühling Pflanzen wieder Nahrung schöpfen.

Es gibt in der Welt ständig sogenannte »chemische Vorgänge«, die sich ganz im Bereich der Mineralien abspielen und bei denen Menschenhand nicht im Spiele ist. Hier ein Beispiel:

Wenn Wasserstoff und Sauerstoff irgendwo im Weltraum zusammentreffen, so gehen sie leicht eine chemische Verbindung von zwei Wasserstoffatomen und einem Sauerstoffatom ein, woraus Wasser entsteht. Diese Atome vereinigen sich also selber! Warum tun sie das? Wir wissen es nicht. Wir wissen aber, daß diese Verbindung bzw. das Wasser in der Welt eine sehr große Rolle spielt, weil alle Lebewesen der Erde Wasser benötigen. Es ist daher sicher kein Zufall, daß diese Verbindung von Atomen in der Welt in so ungeheuren Quantitäten vorhanden ist bzw. erzeugt wird, denn der Sinn des Geschehnisses ist zu offensichtlich.

Wir sind daher gezwungen, anzunehmen, daß die Welt der »toten Materie« nur das Vorstadium oder das untere Ende der Welt der Lebewesen ist.

Ein weiteres Zeichen der Lebendigkeit der Materie stellt der Magnetismus dar. Das, was wir als Schwerkraft bezeichnen, ist nichts anderes als die Anziehungskraft der Erde. Sie offenbart sich überall als Gewicht. Wenn wir sagen, ein Gegenstand wiege z. B. 100 Kilogramm, so bedeutet das, daß die Anziehungskraft der Erdmaterie auf diesen Gegenstand so groß ist wie die Energie, die benötigt würde, um die Schwerkraft aufzuheben. Warum nun die Materie unserer Erde diese Anziehungskraft besitzt, wissen wir nicht, aber ohne sie wäre das Leben auf der Erdoberfläche in der heutigen Form unmöglich. Das Ausmaß des Magnetismus, der von den Gestirnen ausgeht, läßt sich am Phänomen der Ebbe und Flut unserer Weltmeere ermessen, die durch die Anziehungskraft des Mondes, der aber kein organisches Leben enthält, verursacht wird. Die Hebung solch gewaltiger Wassermassen durch einen rein aus Mineralien bestehenden Erdsatelliten, durch die an den Meeresufern Ebbe entsteht, ist eine eindrucksvolle Illustration der Lebendigkeit der Mineralien! Weil außerhalb der Reichweite des Erdmagnetismus das Phänomen der Schwerelosigkeit eintritt, das den Astronauten bei ihren Raumflügen oft zu schaffen macht, ist das Vorhandensein einer anderen Quelle des Magnetismus ausgeschlossen.

Der Glaube, daß Materie tot sei, entstand, als es noch keine technische Forschung gab und der Mensch nur auf seine Sinneswahrnehmungen angewiesen war. Heute lehrt die Physik, Materie sei in Wirklichkeit Energie, und Energie ist sicher das Gegenteil von Trägheit, die alles Tote charakterisiert. Die Wechselwirkungen, die die verschiedenen Materien aufeinander haben, sind ihrer Art nach nur als primitive Lebensäußerungen erklärbar. Die Schöpfung ist viel tiefer als ihre durch die Sinne wahrnehmbaren Eigenschaften, und wenn wir sie verstehen wollen, darf das Nichtwahrnehmbare unter keinen Umständen als nicht existierend übergangen werden. Das menschliche Verständnis für die Schöpfungsprozesse hat in den letzten fünfzig Jahren enorme Fortschritte gemacht, aber wir dürfen uns der Tatsache nicht verschließen, daß es sich erst um einen Anfang handelt, um erste Gehversuche auf einem uns unbekannten Gebiet.

Es wird nun vielfach die Ansicht vertreten, der Sitz des Bewußtseins befinde sich im Gehirn und daher könnten nur Lebewesen, die mit einem Gehirn ausgerüstet sind, ein Bewußtsein unterhalten. Diese Auffassung ist falsch, denn schon in der Natur, z. B. bei den Pflanzen, die ja kein Gehirn besitzen, gibt es Anzeichen, welche auf das Vorhandensein von Bewußtseinsanfängen hinweisen. Schneidet man beispielsweise einem Geranienstock einen Zweig ab und steckt ihn in feuchte Erde — ein Geschehnis, das nicht im Wachstumsprogramm der Pflanze liegt —, so *weiß* der abgeschnittene Zweig auf uns unerklärliche Weise, daß er jetzt nicht Blätter und Blüten, sondern in erster Linie

Wurzeln hervorbringen muß, um weiterleben zu können. Er besitzt auch die Fähigkeit, diese Umstellung zu vollziehen:

Der gehirnlose Geraniumzweig muß also in der Lage gewesen sein, seine Existenz und das ihm zugestoßene Unglück zu erkennen und darauf mit Intelligenz zu reagieren!

Das Wahrnehmungsvermögen von Pflanzen wurde neuerdings durch interessante Experimente bewiesen. Ein Polygraph-Experte in New York, *Cleve Baxter*, der bei den Polizeiämtern in den Vereinigten Staaten von Amerika den fachgemäßen Gebrauch modernster elektronischer Lügendetektoren demonstrieren muß, kam auf die Idee, diesen Apparat auch einmal an Pflanzen auszuprobieren. Er wollte sehen, wie lange es dauert, bis von den Wurzeln aufgenommene Feuchtigkeit zu den Blättern hinaufgestiegen ist. Der psychogalvanische Reflex seines Polygraphen ist nämlich geeignet, die Änderungen der Körperleitfähigkeit zu messen. Er befestigte also die Elektroden an beiden Seiten eines Blattes, und er erwartete bei Ankunft der Flüssigkeit in den Blättern ein Ansteigen der Kurve auf dem Zeitdiagramm. Bei diesem Experiment geschah allerdings nichts.

Baxter hatte aber bei Personen eine Reaktion beobachtet, wenn eine bestimmte Gemütsbewegung vorherrsche, z. B. wenn sich jemand einer Bedrohung ausgesetzt fühlte. Der Polygraph registrierte derartige Furchtgedanken mit einem starken Ausschlag nach oben. Dadurch wurde *Baxter* bewogen, das Wohlbefinden einer Pflanze zu bedrohen, um zu sehen, ob durch den Polygraphen eine Reaktion registriert werde. Er trug sich also mit dem Gedanken, einige Blätter anzusengen, und schon bevor er zur Tat schritt, also nur durch den Gedanken, reagierte der Schreibstift des Polygraphen mit einer großen Kurve nach oben. Das Herbeiholen von Streichhölzern und ihr Annähern an die Pflanze bewirkte große Aufregung.

Dadurch war zum erstenmal bewiesen, daß Pflanzen ein so entwickeltes Wahrnehmungsvermögen besitzen, daß sie gewisse menschliche Gedanken zu lesen imstande sind und bei einer Bedrohung Furcht empfinden!

Baxter, ermuntert durch diese Entdeckung, unternahm dann weitere Versuche. Er brachte z. B. andere Lebewesen in Gefahr, um zu konstatieren, ob bei den Pflanzen auch dies empfunden werde, und er tötete zu diesem Zwecke lebende Garnelen mit heißem Wasser. Der Ausschlag des Polygraphen nach oben war offensichtlich:

Es stand somit fest, daß Pflanzen auch die Tötung anderer Zellen wahrnahmen!

Baxter veröffentlichte seine Entdeckung im Februar 1969 im »International Journal of Parapsychology«[12]), und sofort setzte an den Universitäten eine große Forschungstätigkeit mit Pflanzen ein, die verblüffende Resultate erbrachte:

Man beobachtete, daß sogar beim Zerbrechen eines befruchteten Hühnereis eine Reaktion eintrat, und ebenso, wenn bei der Behandlung von Körperverletzungen gewisse Zellen des menschlichen Körpers künstlich getötet wurden, wie das bei der Verwendung eines Antiseptikums geschieht.

Das Erstaunlichste von allem war jedoch, daß sich zwischen Mr. *Baxter* und seinen Pflanzen eine persönliche Beziehung entwickelte, die zu einem — man kann sagen — freundschaftlichen Verhältnis zwischen ihm und ihnen führte. Sie reagierten schon auf seine Gedanken. Wenn er z. B. weit von ihnen entfernt plötzlich den Entschluß faßte, heimzukehren, so zeigte die Reaktion des Polygraphen, den er ständig an den Pflanzen angeschlossen hielt, daß diese »Freude« bekundeten, oder wiederum, daß sie »Ärger« registrierten, wenn er durch etwas Unangenehmes ungehalten wurde. Diesen Feststellungen läßt sich entnehmen, daß das Wahrnehmungsvermögen der Pflanzen sogar die Fähigkeit hat, telepathisch über größere Distanzen hinweg Gedanken und Eindrücke zu empfangen und auf sie zu reagieren.

Den offensichtlichsten Beweis, daß das Bewußtsein nicht an das Gehirn gebunden ist, liefert jedoch das Phänomen der Austritte des Bewußtseins aus dem physischen Körper.

Es ist auch unter den Bezeichnungen »Seelenreise«, »Seelenexkursion«, »Bilokation« und »Projektion des Bewußtseins« bekannt. Was und wie das passiert, dürfte am besten durch ein Beispiel erklärt werden:

Die »Sunday Times« vom 25. März 1962 veröffentlichte folgenden Brief, den sie von Robert Andrew Hall aus Eritrea erhalten hatte:

»Während des Krieges wurde ich durch eine Bombenexplosion in der westlichen Wüste in Bewußtlosigkeit versetzt und hatte dabei die eigenartige Empfindung, mich außerhalb meines Körpers zu befinden. Ich konnte die Szene ungefähr zwanzig Fuß über der Erde beobachten. Ich konnte alles, was passierte, sehen und hören. Ich hörte das Flugzeug, als es zu einem weiteren Angriff ansetzte, sowie die Stimmen meiner Begleiter. Ich sah, wie der Staub sich nach der Explosion, die meine Ohnmacht verursachte, langsam entfernte und wie mein Körper dort auf dem Kies lag.

Was mir immer noch Eindruck macht, obwohl dies eventuell nur das Resultat einer sehr lebhaften Einbildung sein mag, ist, daß ich immer noch durch eine Art Schnur mit meinem Körper in Verbindung blieb, und ich fühlte, daß, wenn diese Schnur zerreißen sollte, ich nicht mehr in meinen Körper zurückkehren könnte und sterben würde. Ich erinnere mich an den Gedanken: ‚Ich muß zurück', und dann, wie ich Anstrengungen machte, um die Augen zu öffnen. Das Eigenartige war, daß, obwohl ich während meiner Bewußtlosigkeit ganz gut hören und meinen Kameraden nachher sagen konnte, was sie zu dieser Zeit gesprochen hatten, ich nach der Wiedererlangung meines Bewußtseins das Gehör gänzlich verloren hatte, welcher Zustand zwei volle Wochen andauerte. Ich höre jetzt noch nicht normal.«

Solche Austritte des Bewußtseins aus dem physischen Körper sind gar nicht so selten, wie man es sich vielleicht vorstellt, und wenn wir bei unseren Freunden Umfrage halten würden, so kämen wohl ab und zu eigenartige Erlebnisse ans Tageslicht. Unter Narkose kam es schon oft vor, daß Patienten durch einen Austritt ihres Bewußtseins Zuschauer ihrer eigenen Operation wurden. Der Verfasser dieser Zeilen erhielt von einer Bekannten — und zwar erst nach jahrelangem brieflichem Verkehr und nur als Folge einer zufälligen Bemerkung — folgende Mitteilung. Sie datiert vom 23. Januar 1963. Die Bekannte schrieb in ihrem Brief unter anderem:

»Erich, wie amüsant ist es, daß Du an psychischer Forschung interessiert sein solltest, denn mein ganzes Leben lang, seit ich zehn Jahre alt wurde, war ich ‚psychisch'. Ich gehe zwar heutzutage in keine Zusammenkünfte mehr, weil ich vor vielen Jahren einmal gänzlich unter fremde Kontrolle kam und ich mir wie ein Narr vorkam, als ich wieder das Bewußtsein erlangte. Aber das Eigenartigste, was mir passierte, geschah, als Mac, dessen Bruder und ich einst zu Weihnachten per Auto nach Southsea reisten. Wir wurden plötzlich vom Nebel überrascht und verbrachten die Nacht im Stonebridge Hotel in Stonebridge. Mac und sein Bruder bewohnten ein Zimmer zusammen, denn wir waren damals noch nicht verheiratet, und ich hatte ein riesiges Zimmer mit einem großen Vier-Pfosten-Bett. Da, mitten in der Nacht, fand ich mich außerhalb meines eigenen Körpers, und zwar über ihm schwebend, und ich fühlte, wie ich Anstrengungen machte, um wieder in meinen Körper zurückzukehren, denn ich war mir klar bewußt, daß ich sonst sterben würde. Nun, ich muß in ihn zurückgekehrt sein, denn sonst wäre ich jetzt nicht hier, aber, glaube es mir, es war eine furchtbare Erfahrung, und ich weiß bis heute keine Erklärung dafür.«

Dieses Phänomen der Austritte des Bewußtseins ist keineswegs neu, und es existieren mehrere Bücher in deutscher Sprache mit Beispielen dieser Art sowie Instruktionen, wie ein Austritt willentlich hervorgerufen werden kann, z. B. *Frederick C. Sculthorp* »Meine Wanderungen in der Geisterwelt«[13], *Sylvan J. Muldoon* und *Hereward Carrington* »Die Aussendung des Astralkörpers«[14], *Robert A. Monroe* »Der Mann mit den zwei Leben«.[15]

Muldoon beschreibt in seinem Buch nicht weniger als 92 Fälle und dazu noch 36 in Kurzfassung, und *Monroe* erlebte in 12 Jahren 589 Austritte seines Bewußtseins.

Die Autoren stimmen darin überein, daß während des Schlafes und bei jedem Zustand der Bewußtlosigkeit ein Austritt des Bewußtseins stattfindet. Allerdings handelt es sich hier nur um kleine Austritte, bei denen selten Erinnerungen in das Tagesbewußtsein übertragen werden, aber — so sagt z. B. *Sylvan Muldoon* — dieser

Austritt sei nötig, um den physischen Körper während dieser Zeit mit kosmischer Kraft aufzuladen.

Wir können also mit Bestimmtheit sagen, daß der Sitz des Bewußtseins nicht im Gehirn ist!

Das Gehirn ist ein Instrument, um Gedanken wahrnehmen zu können, wie die Augen Instrumente sind, um Gegenstände wahrnehmen zu können. Das Gehirn empfängt geistige Eindrücke, wie die Augen Lichteindrücke empfangen; und wie das, was die Augen sehen, nicht innerhalb, sondern außerhalb derselben liegt, so befinden sich die Gedanken, die das Gehirn empfängt, nicht innerhalb, sondern außerhalb desselben. Wie der Geist an sich nicht wahrnehmbar ist, außer er habe sich in ein Geistbild, d. h. in einen Gedanken verdichtet, so ist auch das Licht an sich unsichtbar, außer es falle auf einen Gegenstand und erleuchte ihn. Und wie Geist und Licht sind, so ist auch das Bewußtsein. Es ist einfach ein vorhandenes Wissen um die eigene Existenz. Für den Menschen selber ist es nicht wahrnehmbar, und doch ist für ihn nichts wahrnehmbar außer durch das Bewußtsein. Es kann sogar über lange Zeitabstände durch das Phänomen der Erinnerung, die auch ein Teil des Bewußtseins darstellt, erhalten bleiben.

Wenn wir das Bewußtsein näher betrachten, so bemerken wir, daß es sich stufenweise manifestiert. Die unterste Stufe ist die bereits besprochene latente Bewußtheit, die eigentlich erst eine Geist-Potenz darstellt. Dann folgt die nächste Stufe, die Idee, die als die geistige Struktur oder, wie die Wissenschaftler sagen, »das elektrische Feld« einer materiellen Organisation, z. B. eines Atoms, anzusehen ist. Diese Stufe ist außerordentlich ausgedehnt, denn sie reicht von der geistigen Struktur eines Elementarteilchens bis zu der kompliziertesten Organisation eines Lebewesens. Sie ist jenes Wissen der Natur, das nicht ins eigentliche Bewußt*sein* vordringt, sondern das seinem Träger unbewußt bleibt und somit nur eine Bewußt*heit* darstellt. Erst die dritte Stufe des Bewußtseins ist, was wir allgemein unter diesem Begriff verstehen.

Das bekannte amerikanische, leider jetzt verstorbene Medium *Arthur Ford* sagt in seinem Buch »Unknown but Known«[16]), daß es keinen Zustand absoluten Unbewußtseins gebe. Beim Bewußtsein könne nie ein »Un« existieren, denn es bestünden nur verschiedene Stufen des Bewußtseins.

Eine Intelligenz ist stets abhängig von der Bewußtseinsstufe, auf der sie basiert. Das zeigt sich auch bei der Evolution der Arten, die immer von Stufe zu Stufe vor sich geht. Es gibt z. B. nur die Stufe »Affe« und dann die Stufe »Mensch«. Wenn die Evolution nicht stufenweise vor sich ginge, hätten wir alle Zwischenformen zwischen Affe und Mensch, und dies nicht nur in der Körperform, sondern ebensosehr im geistigen Bereich. Es müßte z. B. Affen geben, die ein paar Worte sagen können, ohne sie zu verstehen, und solche, die in der Lage sind, ein einfaches Gespräch zu führen. Solches gibt es aber nicht. Alle Affen sind nur fähig, eine Evolution innerhalb ihrer Bewußtseinsstufe durchzumachen. Eine Versetzung in eine höhere Bewußtseinsstufe geschieht nicht auf der Erde:

Der irdische Körper aller Wesen ist die Erscheinungsform ihrer Bewußtheit und ihres Bewußtseins bzw. ihrer Bewußtseinsstufe.

Das verstorbene ehemalige Medium Betty White, Gattin des Schriftstellers *Stewart Edward White*, mit dem sie zu Lebzeiten viele psychische Experimente durchführte, versuchte nach ihrem Tode durch viele Geistbotschaften, die sie durch ein Medium Joan (Pseudonym für Mrs. Ruth Finley) übermittelte, ihrem Gatten das Leben im Jenseits zu beschreiben, und *Stewart Edward White* hat dieselben in seinem Buch »Das uneingeschränkte Weltall«[17] veröffentlicht. Wir geben nachstehend einige, diese Frage berührende Übermittlungen. Betty sagte z. B.:

»Es gibt nur eine einzige Realität. Sie umfaßt alles, aber stufenweise. Ihr höchster Ausdruck in der Welt ist das Bewußtsein, das sich selbst wahrnehmende Ich-Bin des Menschen. Stufenweises Bewußtsein ist die einzige und alleinige Realität.«

Mit stufenweisem Bewußtsein meint Betty, daß das gesamte Bewußtsein, die fundamentale Wirklichkeit, sich in Entwicklung befinde. Die Entwicklung gehe im eingeschränkten Universum (d. h. auf der Erde) auf seiner Stufe, seiner eigenen Ebene, vor sich und zwar in quantitativem Sinne. D. h., daß z. B. ein Mensch sich verbessern, entwickeln, aber nicht qualitativ verändern kann. Er bleibt immer Mensch. Die qualitative

Entwicklung, d. h. eine Veränderung der Erscheinungsform des Bewußtseins, könne sich nur auf seiner eigenen Ebene, irgendwo jenseits des irdischen Lebens vollziehen.

»Das Bewußtsein des Unkrauts«, so fährt Betty fort, »ist artmäßig nicht verschieden von jenem, das sich als elektrischer Strom manifestiert, wie das durch den elektrischen Strom manifestierte Bewußtsein artmäßig nicht verschieden ist von jenem, das sich in der sogenannten unbelebten, anorganischen Materie manifestiert. Das Bewußtsein IST. Es ist die einzige und alleinige Realität, artmäßig immer dasselbe, wenn auch seine zahlreichen Stufen verschieden geformt sind...

Der Mensch ist aus der qualitativen Mensch-Stufe in diese quantitative (materielle) Welt hineingeboren, nicht aus der Baumstufe, nicht aus der Hundestufe, nicht aus der Stufe der elektrischen Energie noch aus irgendeiner der mannigfachen anderen Stufen, sondern einzig und allein aus seiner eigenen Mensch-Stufe. Obgleich das Individuum Mensch als Mensch geboren wird, schwankt seine Kapazität als Individuum sehr und ist von derjenigen seiner Mitmenschen verschieden. Auf der qualitativen Mensch-Stufe selbst findet eine Art Fortschreiten durch Unterabstufungen statt, welche für die individuellen Unterschiede verantwortlich sind.

Form ist die wesentliche Eigenschaft, das Merkmal oder Kennzeichen des Bewußtseins. Alle Ausdrucksformen des Bewußtseins besitzen Form, sowohl in der qualitativen als auch in der quantitativen Entwicklung und sogar im eingeschränkten (diesseitigen) wie auch im uneingeschränkten (jenseitigen) Universum. Alles was wir sehen oder wahrnehmen können, besitzt Form. Alles was wir nicht sehen können, aber trotzdem zu messen und zu gebrauchen gelernt haben, besitzt Form. Wir selbst haben Form. Sogar ein elektrischer Impuls besitzt Form. Die qualitativen Formen im uneingeschränkten Universum können wir nicht sehen, dagegen sehen wir viele, aber nicht alle, quantitativen Formen im eingeschränkten Universum. Es gibt im eingeschränkten und uneingeschränkten Universum einen Parallelismus. Sowohl die Formen wie die Gesetze gleichen sich. Unsere Natur oder unsere Naturgesetze sind quasi ein Widerschein der Formen und Gesetze im uneingeschränkten Universum, denn es gibt nur *ein* Universum.»

Nun, die qualitativen Formen im uneingeschränkten Universum sind seither doch sichtbar gemacht worden; denn es ist durch die Erfindung der sogenannten »Kirlian-Kamera«[18]), die einen Hochfrequenz-Apparat darstellt, russischen Forschern kürzlich gelungen, die Schranke der festen Materie zu überwinden.

Dies ermöglicht es, den immateriellen Teil eines Lebewesens sichtbar zu machen. Die russischen Gelehrten können also den Geistkörper eines Lebewesens sehen, und sie haben ihn als »einen vollkommen mit sich selbst vereinheitlichten Organismus« bezeichnet, der als Einheit handelt und sein eigenes elektromagnetisches Feld hervorbringt. Er bildet die Grundlage für die biologischen Felder.

Man *sah* also, daß eine intelligente Kraft die Lebewesen organisiert und den wunderbaren Lebensaustausch in Gang hält, der sich in den Zellen vollzieht. Daß es sich um eine ganz zielbewußte Intelligenz handelt, dürfte an folgendem Beispiel klar zutage treten:

Wenn ein embryonaler Arm an die Stelle, die für das Bein des in Bildung begriffenen Tieres bestimmt ist, verpflanzt wird, so entwickelt er sich nicht als Arm, sondern als Bein, was die säuberliche Programmierung beweist. Das heißt mit anderen Worten: Wo der bioplasmische Körper, also der Geistkörper, ein Bein vorgesehen hat, wird dieses Bein erzeugt und nicht ein Arm!

Ausführlichere Angaben über dieses Thema finden sich in einem Artikel von Ing. *Henrique Rodrigues* in der Zeitschrift »Esotera«, No. 4, 1973, unter dem Titel »Der bioplasmische Körper alles Lebendigen«.[19])

Nachdem wir nun die Phänomene Bewußtheit und Bewußtsein erläutert haben, obliegt es uns, noch eine klare Definition von dem zu geben, was wir »Seele« nennen. Der Begriff »Seele« wird wie kaum ein anderes Wort mißverstanden und falsch gebraucht. Eine Seele ist, was die Wissenschaftler als das elektromagnetische Urfeld eines sich in der materiellen Welt manifestierenden Organismus bezeichnen. Sie ist die formbestimmende, feinstoffliche Matrize zu einem materiellen Gebilde; in ihren fortgeschrittenen Formen ist sie eine Art geistiger Computer mit einer allen menschlichen Programmierungen weit überlegenen Programmierung. Je entwickelter nun der geistige Gehalt einer Seele ist, umso größer ist ihr Einfluß oder ihre Macht auf primitivere Seelen, die sie zeitweise in Anspruch nimmt, ja sogar sich einverleibt. Eine Menschenseele z. B. enthält Milliarden von Kleinstseelen, die sie einstellt, um ihnen die Arbeit und einen Platz in ihrer Riesenorganisation zuzuweisen. Denken wir nur an die roten und weißen Blutkörperchen, die Lebewesen im Lebewesen sind und die, jedes an seinem Platz, ihre Programme absolvieren. Es ist logisch, daß, je primitiver die Organisation, sie umso abhängiger, also unfreier ist; aber sie ist trotzdem ein Individuum. Wir dürfen indessen nicht glauben, die Menschenseele sei die entwickeltste, die es gibt. Auch sie ist ein Lebewesen in einem größeren Lebewesen, z. B. Teil einer Volksseele, und eine Volksseele ist wiederum Teil einer Weltseele, und so geht es weiter und weiter. Da eine Menschenseele viel mehr Geist enthält als ihre primitiven Schwestern, kann sie den Weltgeist anpeilen und sich durch ihn beeinflussen und leiten lassen, was sich durch die Manifestation von Vernunft, Verstand, Liebe, Hilfsbereitschaft usw. bemerkbar macht.

Es fragt sich nun: Wie individuell ist eine Seele? Was geschieht mit ihr, wenn ihr materielles Vehikel zerstört wird oder stirbt?

Erinnern wir uns, daß auch in der materiellen Welt nichts verloren geht. Materie, Energie und Wärme lassen sich ineinander verwandeln und sind somit das gleiche in verschiedener Form. Wenn also sinnlich erkennbare Materien durch Verbrennen, Verdunsten, Verdampfen oder auf irgendeine andere Weise eine außersinnliche, für Menschen nicht wahrnehmbare Form verwandelt werden, hat ihre Existenz nicht etwa aufgehört. Es ist auch wichtig, sich zu vergegenwärtigen, daß jeder Zustand nur ein Momentanzustand ist und daß stets und unaufhörlich eine Verwandlung stattfindet. Nirgends in dem ungeheuren Universum gibt es einen Zustand äußerlichen oder innerlichen Stillstands. Wohl bestehen Systeme, die nach außen als ein ausgeglichenes Ganzes, das sich nicht verändert, in Erscheinung treten, aber das ist nur Schein; denn es gibt Verwandlungen, die so langsam vor sich gehen, daß sie in einem Menschenalter, ja in tausend Jahren, kaum bemerkbar sind, oder so schnell, daß wir bei der Beschreibung nicht mehr von einem Zustand, sondern von einer Verwandlung reden. Auch der Mensch, vom Moment seiner Geburt bis zu seinem Tode, verwandelt sich innerlich und äußerlich jeden Tag, jede Minute, und man braucht nur eine Fotografie im Kindes- und eine andere im Greisenalter zu vergleichen, um sich von dieser Tatsache zu überzeugen.

Wir können also sagen, es gibt keinen Dauerzustand, aber es gibt dauernde Verwandlung, also unzerstörbare Existenz.

Da wir nun wissen, daß jede materielle Organisation — und dazu gehören auch die Kleinstwesen wie die

Atome und deren Teilchen — aus einer Bewußtheit, also einem Wissen besteht, aus welchem Intelligenz, d. h. zweckmäßiges, energiegeladenes Denken hervorgeht, das die Organisation baut und betreibt, so sagt die Logik, daß diese Bewußtheit doch mindestens ebenso unzerstörbare Existenz besitzt wie die Materie, die sie ja aufbaut und materiell unterhält!

Daraus folgt, daß die Bewußtheit von Mineralien, Pflanzen und anderen, primitiven Lebewesen in jener Form weiterexistieren wird, die ihrem Stand der Entwicklung entspricht, also, wie wir sagen würden, in einem »unbewußten« Zustand. Lebewesen hingegen, die auf der Entwicklungsstufe stehen, wo ein Tagesbewußtsein, also eine Selbsterkenntnis und die Fähigkeit, schöpferisch, logisch und abstrakt zu denken, existiert, solche Lebewesen werden in dieser fortgeschrittenen Form weiterexistieren, auch wenn ihr physischer Körper der Zerstörung anheimfällt, denn das Bewußtsein ist das Wesentliche, nicht die Materie.

Das Bewußtsein macht den Menschen aus, das Fleisch ist nur dessen Vehikel, eine vorübergehende Materialisation.

Und weil dem so ist, kann dieses Bewußtsein bei einem Austritt aus dem physischen Körper — wie er in diesen Zeilen beschrieben worden ist — ungehindert sehen, hören, denken, sich erinnern usw., und aus dem gleichen Grunde ist es möglich, in spiritistischen Sitzungen mit dem Bewußtsein von Verstorbenen zu sprechen. Sie leben als eine Bewußtseinseinheit weiter.

Das Überleben des physischen Todes ist somit nichts Unnatürliches, sondern etwas Logisches!

Man soll sich nun aber nicht vorstellen, das »ewige Leben« sei eine Verewigung des gegenwärtigen Zustands oder gar ein Warten auf ein jüngstes Gericht, denn es gibt weder im Diesseits noch im Jenseits einen Stillstand. Alles ist und bleibt im Fluß, weil Leben aus immerwährender, nie aufhörender, planmäßiger Umwandlung, Verwandlung bzw. Entwicklung besteht. Das Bewußtsein nimmt auch im Jenseits ständig zu, weil es alle Erfahrungen, die ja stets geistiger Natur sind, in sich aufnimmt, und die geistige Tätigkeit ist im Jenseits naturgemäß besonders groß. Daher wird auch bei einer Reinkarnation, außer sie erfolge sehr rasch nach dem physischen Tode — was selten geschieht —, nicht der *gleiche* Mensch, d. h. sein damaliges Bewußtsein, wiedergeboren, sondern sein um die Erfahrungen im Jenseits vergrößertes und erweitertes Bewußtsein, dessen irdische Form diesem neuen Bewußtseinszustand angepaßt sein wird. Entwickelt sich ein Bewußtsein im Jenseits beträchtlich, so wird auch die wiedergeborene Erscheinungsform des Bewußtseins so verändert sein, daß sie mit derjenigen der früheren Inkarnation nicht mehr vergleichbar wäre.

WEISHEIT AUS DEM JENSEITS

Nachdem wir uns mit den allerneuesten Forschungsergebnissen namhafter Physiker beschäftigt haben, dürfte es von Interesse sein, einen kleinen Blick auf Offenbarungen zu lenken, die vor mehr als hundert Jahren einem einfachen Mann durch — wie er sagt — »die innere Stimme« vermittelt wurden. Er war Musiker, hatte keine Kenntnisse der Physik, hieß *Jakob Lorber*, lebte von 1800 bis 1864, und als er das vierzigste Jahr erreichte, begann er Mitteilungen aus einer anderen Dimension zu hören, die er, wie ihm befohlen wurde, getreulich niederschrieb. Das Werk, das so in 24 Jahren zustande kam, ist enorm; aber wir nehmen hier nur Bezug auf das, was ihm über die Materie und die Seele diktiert wurde. Wir müssen dabei berücksichtigen, daß er selbstverständlich nicht die heute in der Physik geläufigen Fachausdrücke verwendet, sondern Wörter braucht, die dem Begriff bildlich am nächsten kommen. Der Lorber-Verlag Bietigheim hat aus dem großen Werk eine Anzahl kleiner Schriften herausgegeben, die sich mit speziellen Themen befassen, und so entnehmen wir der Lorberschrift »Naturzeugnisse«[20] folgende Sätze:

»...Wo ihr mit einem Mikroskop in einem Tropfen Wasser Infusorien (einzellige Lebewesen) als animalische Lebensformen entdeckt, da steht das Reich der Tierwelt schon auf der tausendsten Stufe seiner

Entwicklung. Die erste Stufe bilden die unendlich kleinen Bewohner des Äthers und sind ungefähr das, was ihr Atome und ihre Teilchen nennt. (Er betrachtet also Atome als ‚Tierchen', d. h. lebendige Wesen.) Auf einem Punkt zu Trillionen Platz findend, entstehen diese Atomtierchen aus dem Zusammenfluß der Sonnenstrahlen, die sich im Raume begegnen. (Photone, d. h. Lichtquanten, können, wie wir gehört haben, sich in Elektronen verwandeln). Ihre Gestalt ist kugelförmig und ihre Nahrung ist die Essenz des Lichtes. Ihre Lebensdauer beträgt den trillionsten Teil einer Sekunde...« Der letzte Satz erinnert ganz an die »Mesonen«, von denen im Kapitel »Was sind Materie und Geist?« die Rede war.

Auch der nachfolgende Text stammt aus der gleichen Lorber-Schrift: »...Nach ihrem Ableben sich zu Trillionen einend, beginnen sie eine zweite Klasse zu bilden, deren um vieles konzentrierteres Leben unter dem Ausdruck ‚Nomaden' zu verstehen ist. Auf gleiche Weise wird so eine Klasse nach der andern mit einem immer höher potenzierten Leben gebildet. Die Lebensdauer dieser Wesen ist nun schon stufenweise bis zum milliardsten Teil einer Sekunde angewachsen, wobei sich Abertrillionen derselben Art zur Bildung einer höheren Klasse ergreifen...«

In *Lorbers* Offenbarungen wird mit Nachdruck erklärt, daß es keine »tote Materie«, ja überhaupt nichts Totes geben kann. Sie bezeichnen die Grundelemente oder Ureinheiten der Schöpfung als immerwährend entstehende Heere von Kleingeistern, »deren Zahl kein Ende hat« und aus welchen alle Dinge im Reich des Ewigen bestehen.

»Die Gedanken Gottes sind der Stoff, aus dem alles, was die Unendlichkeit faßt, entstanden ist.«

Eine andere Schrift »Erde und Mond«[21]) enthält folgende Sätze:

»Ihr könnt was immer für eine Materie betrachten, so werdet ihr dennoch nicht finden, daß sie irgend als vollkommen fest und unteilbar in die Erscheinlichkeit tritt, sondern jede Materie ist teilbar, und noch kein Gelehrter ist bis jetzt darüber im reinen, in welche kleinsten Teile sie letztlich zerfällt. Man nehme z. B. ein Gran Moschus, lege es in einem großen Gemache auf irgendeinen Platz, in kurzer Zeit wird der ganze Raum mit dem Moschusdufte erfüllt sein. Und man darf ein solches Stückchen viele Jahre liegen lassen, es wird weder an seinem Umfange noch an seinem Gewichte etwas Merkliches verlieren. Und doch mußten in jeder Sekunde viele Millionen Teilchen sich von diesem Stückchen abgelöst haben, um fortwährend die weiten Räumlichkeiten des Gemaches mit dem Moschusdufte zu erfüllen! — Dergleichen Beispiele könnten noch in Menge angeführt werden. Allein für unsere Sache genügt dieses eine, um einzusehen, daß alle Materie wirklich bis in ein für menschliche Begriffe nahezu unendliches Minimum teilbar ist und somit notwendig aus entsprechend kleinen Urgrundteilchen zusammengesetzt sein muß.«

An anderer Stelle lesen wir noch:
»In welcher Logik kann denn eine wirkende Kraft als tot angesehen werden? Wenn in und an der Materie wirkende Kräfte entdeckt werden, so sind sie nicht tot, sondern lebendig und intelligent... Wie sich die Kraft aus der Wirkung erkennen läßt, so auch die Intelligenz einer Kraft aus der geordneten Planmäßigkeit ihrer Wirkung:
Aus diesem Schluß wird begreiflich, daß die ganze Materie in Wahrheit aus lauter Intelligenzen besteht, die von höheren Intelligenzen nach Ordnung und Notwendigkeit zeitweise festgehalten werden...«

Laut dem Bändchen »Vom inneren Wesen der Naturordnung« aus der Buchreihe »Das Weltbild des Geistes«[22]) zeigt das innere Wesen der Naturordnung etwa folgendes Bild:

Die unterste Form des Seins dieser gebundenen Lebenssubstanz ist das Mineralreich. Ihm folgt als nächste Stufe das Pflanzenreich samt seinen Übergängen ins Tierreich. Hier ist die Seelensubstanz — die Trägerin der Formen und geistigen Handlungen — schon ganz beträchtlich, denn sie ist bereits fähig, freiere Einzelintelligenzen zu einer stets größeren Einigung zu bringen. Aus diesem Grunde vereinen sich zahllose Kleintierseelen verschiedener Art und Gattung nach dem Verlassen der materiellen Form (d. h. wie wir sagen würden »nach ihrem physischen Tode«) zu einer größeren und vollkommeneren Tierseele. Auf diese Art vollzieht sich die Entwicklung von den niedrigeren zu den höheren Tiergattungen. Aus der Vereinigung solcher höchster Tierseelen entstehen dann bereits Seelengebilde, die durch die große Summe ihrer Intelligenzbefähigungen zur Mitbildung von Menschenseelen tauglich sind.

Der Unterschied zwischen Seele und Geist wird in den Lorber-Offenbarungen sehr genau umschrieben. Darin heißt es, daß die Seele das Aufnahmeorgan für die unzählbar vielen Ideen des göttlichen Urgrundes, d. h. des Geistes sei, aus dem sie hervorging. Sie sei der Träger der Formen, der Verhältnisse und Handlungen, die in ihr in kleinsten Umhüllungen niedergelegt sind. Auf solche Weise sei das ganze Weltall einschließlich der kleinsten Atome und Atomteilchen mit den Ideen der Gottheit erfüllt, wo sie als Beseelung und Verwirklichung einer Schöpfungsidee auftreten.

»Ein gewisses Maß von Idee und Form in ein Wesen — also in eine Einheit — zusammengefaßt, bildet eine Seele.«

Geist nun wird als ein Wesen bezeichnet, welches zwar an sich formlos ist, aber alle Formen schafft. Erst wenn diese Formen geschaffen sind, kann er in eben diesen Formen wirksam werden. Das bedeutet, daß jede Kraft, um in Erscheinung treten zu können, einen Widerstand, also eine Gegenkraft oder einen Stützpunkt benötigt. Wie das Licht unsichtbar bleibt, wenn es keine Gegenstände gibt, die sich ihm entgegenstellen und die es dann erleuchtet, so braucht auch der Geist einen Stützpunkt, um wirksam zu werden.

Wenn wir im Kosmos nun lauter »geordnete Wirkungen« oder »Stützpunkte« sehen, so muß es darin auch ebensoviele Kräfte geben, und weil deren Wirkungen planmäßige sind, müssen notgedrungen genausoviele Intelligenzen wie Kräfte vorhanden sein. Das bedeutet, daß Materie aus seelischen Intelligenzen besteht, die von höheren Intelligenzen nach Bedarf und Ordnung zeitweilig festgehalten werden können. Wenn aber die Zeit der Fesselung beendet ist, erwachen die einzelnen Intelligenzen und vereinen sich als Ursubstanz wieder in jenem Wesen, in dem sie uranfänglich als Gedanke des Schöpfers gestaltet worden sind.

Die einzelnen, in allen Mineralien, Pflanzen oder Tieren vorhandenen Intelligenzen sind artmäßig immer die gleichen, nur treten in Metallen und Steinen erst wenige vereint in Erscheinung, während in der Pflanzenwelt und ganz besonders im Tierreich eine viel größere Menge — ja man sollte sagen »Unmenge« — wirkend vorhanden ist. Bei Mineralien zählt man vielleicht acht bis zwanzig Intelligenzen, doch bei Pflanzen geht es in die Tausende und bei höheren Tieren in viele Millionen.

Mit diesen Auszügen und Ausführungen aus *Lorbers* Offenbarungen wollen wir uns begnügen und uns einem anderen Medium zuwenden, das ebenfalls vor etwa hundert Jahren hochinteressante Mitteilungen durch automatische Schrift erhielt. Es handelt sich um den anglikanischen Priester *The Reverend William Stainton Moses*. Während zehn Jahren, d. h. zwischen 1875 und

1885 wurden ihm durch einen sehr hochstehenden Geist, der sich »Imperator« nannte, Fragen beantwortet und Offenbarungen gemacht, die sich durch große Logik und hohes Wissen auszeichnen. Die nachfolgenden Zitate sind aus dem Buch »More Spirit Teachings«[23]) entnommen und aus dem Englischen übersetzt:

»Geist ist die wirkliche Substanz, Materie ist nur eine seiner Erscheinungsformen. Ihr betrachtet Geist als in höchstem Grade substanzlos, hauchähnlich und formlos; vielleicht wird Dunst eure Idee symbolisieren. Geist ist aber eine Substanz, welche Form und Gestalt besitzt. Daher ist auch die geistige Welt wirklich und substantiell, sie umgibt und ist die Grundlage der materiellen Welt, deren Organisation aus Geistsubstanz unterschiedlichster Art besteht, d. h. aus solcher vom unfühlbarsten Hauch bis zur härtesten Festigkeit.

Das Reich des Geistes durchdringt eure Erde, belebt alles und gibt Tier und Pflanze die wahre Existenz. Alles was euch als Wirklichkeit erscheint, ist nur der Schatten derselben. Der Geist ist das Leben, die Wirklichkeit, die ewige und wesentliche Substanz.

Und so wie der Geist die Grundlage des Menschen ist, so ist er auch die Grundlage und die Information für alle Materie. Alle Kräfte, die die Erde halten und sie auf ihrer Umlaufbahn führen, sind geistig. Licht, Wärme, Magnetismus, Elektrizität sind nur die äußere Schale einer inneren, geistigen Kraft. Geist ist die Grundlage von allem ... Wo immer ihr hinschaut, von den Welten, die im All zirkulieren, bis zum winzigsten Farnkraut, seht ihr Beweise geistiger Tätigkeit. Sie erfüllt alles, und zufolge eines ausgeklügelten chemischen Prozesses, distilliert sie aus Tau, Regen, Luft und Licht die delikaten Säfte und Düfte und bildet die herrlichen Formen, an die ihr so gewöhnt seid, daß ihr sie kaum beachtet.

Was ist Natur und was sind ihre Prozesse? Ihr wißt es nicht. Ihr habt ein Idol errichtet, das ihr ,Natur' nennt, und ihr bezeichnet es mit einer Formel, die ihr ,Gesetz' nennt, beides Erfindungen, um eure Unwissenheit zu verschleiern. Natur ist Geist und ihre Gesetze sind geistig. Alle eure materiellen Formen, pflanzlich, tierisch, selbst Mineralien, sind die äußere Maske, die Geist einhüllt. Der Mensch ist Geist, und das Geistige hält das Körperliche zusammen. Die ständig schwankende Masse von Atomen, die den physischen Körper formen, werden durch Geist an ihrem Ort gehalten und durch ihn belebt. Sobald der Geist zurückgezogen wird, zerfallen sie und verwandeln sich in andere Kombinationen...«

»Die Menschen haben keine Ahnung und können sich keine Vorstellung machen von der geistigen Umgebung, in der sie existieren. Sie stellen sich Geist als einen Menschen vor, aber in einem anderen Zustand. Wüßten sie, daß das Universum ein riesiges Heim von Geistern in all ihren vielgestaltigen Fortschrittsphasen ist, vom formlosesten Keim bis hinauf zum erleuchtetsten Engel, daß der Mensch von Myriaden von Geistmanifestationen nur eine einzige ist, ferner daß es unter ihm unzählige Arten von geistigem Wachstum gibt, unendlich verschieden in Art und Grad, verschieden wie die Formen der tierischen Schöpfung — nein, zehntausendmal verschiedener —, sie würden sich unfähig erweisen, es zu begreifen. Wüßten sie, daß diese Formen des geistigen Lebens, die viel mannigfaltiger sind als euer Verständnisvermögen es sich vorstellen kann, in ihrer eigenen Kapazität handeln, ihr Leben beeinflussen, ihre Handlungsweise berichtigen und an ihrer Entwicklung selber mitarbeiten, sie würden es nicht für möglich halten. Sie würden sagen: ‚Zeigt sie uns!' Als ob das materielle Auge der letzte Kanal der Intelligenz wäre! Geistige Dinge werden auf geistiger Ebene wahrgenommen.«

Es ist sicher interessant zu konstatieren, daß diese Geistmitteilungen abgegeben wurden, lange bevor die Wissenschaft von einer Quantentheorie Kenntnis hatte, d. h. zu einer Zeit, da die Newtonschen Naturgesetze als unumstößlich und die Materie — im Gegensatz zu Lebewesen — als tot und träge angesehen wurde.

DIE WISSENSCHAFT DES SPIRITISMUS

Wenn man während des Studiums alles Diesseitigen immer wieder auf neue Fingerzeige nach dem Jenseits stößt, d. h. wenn das Materielle, je tiefer man in dasselbe eindringt, umso immaterieller, geistiger wird, wenn man schließlich eingesehen hat, daß das Geistige das Materielle beherrscht und daß der letzte Ursprung alles Seins geistiger Natur ist, dann wäre einer ein schlechter Forscher, wenn er dem Spiritismus (oder Spiritualismus, wie man ihn in England nennt) nicht auch die ihm gebührende Beachtung schenkte. Er muß sich auf alle Fälle die Frage stellen: »Was ist Spiritismus?« Da die Mehrzahl der Menschen diese Frage nicht beantworten können, jedoch ganz falsche Vorstellungen von diesem Wissenszweig haben, möge hier kurz das Wesentliche des Spiritismus erläutert werden.

Spiritismus — abgesehen vom anfänglichen Tischrücken, das eine Zeitlang als Gesellschaftsspiel betrieben wurde — versteht sich als Geisteswissenschaft, die den Schwerpunkt auf den Verkehr mit verstorbenen Seelen, d. h. Geistern, legt. Der moderne Spiritismus — es hat ihn zu allen Zeiten gegeben, und die Bibel ist ein Sammelwerk spiritistischer Phänomene — begann offiziell mit dem Spuk von Hydesville im Jahre 1848, aber es ist bekannt, daß sogar die Königin *Viktoria* von England *vor* diesem Datum an spiritistischen Sitzungen teilgenommen hat. Es gilt also abzuklären, wie ein

Verkehr mit Verstorbenen, mit Geistern, stattfinden kann. Die Geschichte vom

Spuk von Hydesville

ist in dieser Hinsicht sehr aufschlußreich, und wir wollen sie daher kurz erzählen:

In Hydesville, Wayne County, New York State, wurde John D. Fox mit seiner Familie Mieter eines Hauses, in dem zeitweise ganz unerklärbares Klopfen gehört wurde. Es handelte sich um eine Spuk-Erscheinung, die Mrs. Fox derart ängstigte, daß sie innerhalb einer Woche graue Haare bekam. Die Klopflaute »folgten« den zwei Kindern Katie (zwölfjährig) und Margaretta (fünfzehnjährig) im ganzen Haus herum, und obwohl Beobachter eingesetzt wurden, die die Ursache der Klopftöne herausfinden sollten, blieben diese ein Rätsel. Am 31. März 1848 waren die Phänomene besonders stark, so daß die Töchter sich fürchteten und im Schlafzimmer der Eltern Schutz suchten. Der Wind heulte um das Haus. Als nun Mr. Fox das Fenster öffnete und am Laden rüttelte, um sich zu vergewissern, ob die Klopflaute vom Wind verursacht würden oder von einem Spuk herrührten, geschah es: Die Klopflaute ahmten sein Rütteln im genau gleichen Rhythmus nach. Fox stutzte und wiederholte sein Rütteln. Wieder wurde es präzise nachgemacht. Und so oft er es wiederholte, so oft wurde es getreulich kopiert.

Damit entstand eine ganz neue Lage. Die Mädchen, ermutigt durch die Anwesenheit der Eltern, verloren ihre Furcht und betrachteten das Ganze als Spaß. Sie begannen, mit dem Spukgeist zu reden. Katie klatschte mit den Händen und rief: »Heh, alter Spukgeist, tue dasselbe wie ich!« Zu ihrem Erstaunen wurde auch dieses Klatschen von dem Spukgeist wiederholt. Margaretta unternahm nun das gleiche, klatschte aber länger und lauter. Der Geist antwortete ihr wie ihrer Schwester. Katie versuchte nun eine neue Variation und machte mit den Händen nur die Bewegungen des Klatschens, ohne daß die Hände sich berührten, d. h. ohne daß dabei ein Klatschgeräusch entstand, und auch hier imitierte der Geist nun die Bewegungen durch Klopflaute im gleichen Rhythmus, was das Mädchen zu dem Ausruf veranlaßte: «Mutter, schau, er kann so gut sehen wie hören!»

Die ganze Familie war natürlich höchst erstaunt und überrascht. Mrs. Fox benützte die Gelegenheit, den Geist einer regelrechten Prüfung zu unterziehen. Sie befahl ihm z. B.: »Zähle auf zehn!« und sofort folgten zehn Klopflaute. Dann fragte sie: »Wieviele Kinder habe ich?« Der Geist klopfte siebenmal. Mrs. Fox glaubte zunächst, dies sei ein Fehler und sagte es dem Geist, der aber an der Zahl sieben festhielt. Erst jetzt kam ihr in den Sinn, daß sie ja tatsächlich sieben Kinder gehabt hatte, jedoch war eines davon gestorben. Auf die Frage, wie alt ihre Kinder wären, wurde die Auskunft rasch und richtig erteilt. Sie fragte noch vieles andere, und immer erhielt sie die richtige Antwort. Es hatte den Anschein, dieser Geist wisse über alles Bescheid.

Der früher unangenehme Spuk wurde nun plötzlich interessant. Man wollte sich mit dem Geist weiter unterhalten. Es wurde ein Code mit ihm vereinbart. Klopflaute bedeuteten Ja, Stillschweigen dagegen Nein. Als Mrs. Fox das Klopf-Phänomen aufforderte, wenn es ein Geist sei, solle es zweimal klopfen, tat es das.

Ein gewisser William Duesler, der sieben Jahre vor der Familie Fox das gleiche Haus bewohnt, damals aber nie Störungen bemerkt hatte, war an diesen Geist-Manifestationen sehr interessiert und versuchte deren Ursache auf den Grund zu kommen. Er nahm daher Kontakt mit allen Leuten auf, die früher in diesem Hause gewohnt hatten, und ermittelte so, daß die Störungen bereits aufgetreten waren, als eine Familie Weekman dort wohnte, d. h. nachdem Familie Bell es verlassen hatte.

William Duesler verbesserte nun den Code. Wenn er keine Antwort erhielt, stellte er die Frage um. So fragte er z. B., ob der Geist mit der Absicht gekommen sei, jemandem, der jetzt hier weile, ein Leid anzutun. Es klopfte nicht! Hierauf fragte Duesler weiter, ob er, Duesler, oder sein Vater, ihm, dem Klopfgeist, Böses zugefügt hätten. Es blieb wiederum still. Schließlich bat Duesler den Geist, durch Klopfen zu bestätigen, daß weder er noch sein Vater ihm Böses zugefügt hätten. Nun folgten drei deutliche Schläge.

Duesler stellte diese Fragen in Bezug auf jeden früheren Hausbewohner an den Geist. Auf diese Weise konnte er die folgende Geschichte zusammenstellen:

Der Klopfgeist behauptete, ein Bettler namens Charles B. Rosna gewesen zu sein, der in diesem Hause durch Mr. Bell ermordet worden sei. Bell habe die Leiche in der Mitte des Kellers vor vier bis fünf Jahren begraben. Der Geist sagte, es sei kein anderer gewesen als John C. Bell, ein Hufschmied, der zur Zeit von Rosnas Verschwinden das Haus bewohnt habe; und weiter, daß er 31-jährig im Schlafzimmer ermordet worden sei, als Bell und er allein im Hause weilten. Der genaue Ort, wo seine Leiche begraben sei, wurde, ebenfalls durch Befragung mit dem vorerwähnten Code, festgestellt. Während Duesler im Zimmer mit dem Geist Verbindung hielt, waren zwei Helfer, ein Mr. Redfield und ein Mr. Hyde, im Keller tätig.

Die Ausgrabung stieß auf Hindernisse. Als man drei Fuß tief vorgerückt war, floß Wasser vom nahe vorbeifließenden Fluß herein. Die Arbeit wurde unterbrochen. Im Sommer führte man die Grabungen fort und fand fünf Fuß tief ein Brett. Dann kamen Porzellanstücke zum Vorschein und Rückstände von ungelöschtem Kalk und Kohle. Schließlich fand man dort menschliches Haar, Teile eines Schädels und einige Knochen. Man nahm dann an, daß es sich um die Gebeine des ermordeten Bettlers handle, aber später wurde vermutet, daß man wahrscheinlich Teile eines anderen Skeletts aufgedeckt habe.

Die Sache ruhte dann, bis ca. fünfzig Jahre später, als Kinder im Keller des Spukhauses spielten, an der zerbröckelnden Wand, zwischen den Steinen eingebettet, menschliche Überreste zum Vorschein kamen. Mr. Hyde, dem das Haus gehörte und der damals bei den Ausgrabungen mitgearbeitet hatte, unternahm dann weitere Nachforschungen und entdeckte, daß außer der Hausmauer noch eine innere Mauer gebaut worden war, so daß sich zwischen beiden ein Hohlraum ergab. In diesem Zwischenraum befand sich ein perfektes Skelett, bei dem nur jene Teile des Schädels fehlten, die bei den früheren Grabungen fünf Fuß tief unter dem Kellerboden gefunden worden waren. Neben dem Skelett lag eine Art Bettler-Proviantsack, wie sie zur Zeit des Mordes in jener Gegend üblich waren. Damit schien nun die vom Spukgeist »erzählte« Geschichte ihre materielle Bestätigung erhalten zu haben.

Rückblickend ist festzuhalten, daß aller Wahrscheinlichkeit nach — und diese Wahrscheinlichkeit ist so erdrückend, daß sie der Sicherheit sehr nahe kommt — der Spukgeist tatsächlich die entkörperte Geist-Persönlichkeit des Bettlers war. Wenn dem so ist, dann muß sein Geist — Erinnerungsvermögen und Persönlichkeit — über die Tötung des Körpers hinaus, lebendig geblieben sein. Der Vorfall zeigt aber auch, daß es entkörperten Geistern möglich ist, Einfluß auf die physische Welt zu nehmen, vorausgesetzt allerdings, daß medial veranlagte Menschen zugegen sind. In dem vorliegenden Fall scheint diese Bedingung durch die Anwesenheit der Töchter Katie und Margaretta erfüllt gewesen zu sein. Wenn nämlich auch nur eine der beiden Töchter im Hause war, traten Spukerscheinungen auf, bei Abwesenheit beider dagegen passierte nichts. Der Fall zeigt ferner, daß erlittenes Unrecht oder eine wichtige Mitteilung, die während des Erdenlebens nicht abgeklärt bzw. nicht mehr vermittelt werden konnten, unter Umständen einen entkörperten Geist befähigen, eine Kontaktnahme mit der physischen Welt bzw. mit lebenden Menschen herbeizuführen.

Berichte über den Fox-Spuk nach der Auffindung des Skeletts erschienen in der Zeitschrift »Sunflower« im Dezember 1904 und im »Boston Journal of Rochester, N.Y.«, vom 22. November 1904. Auch in dem Buch »The University of Spiritualism« von *Harry Boddington*[24]) wird der Fall sehr ausführlich beschrieben.

Dieser Spukfall nun, bei dem offenbar erstmals ein Gespräch mit einem Spukgeist zustande gekommen war, bildete den Auftakt zu sehr reger spiritistischer Tätigkeit. Allerorts wurden »Zirkel« gebildet, wovon einige sehr erfolgreich arbeiteten. Die Kommunikationsmethoden wurden verbessert, man mußte sich nicht mehr durch Klopflaute verständigen, sondern es gelang mit der Zeit, sogenannte »Offenbarungen« oder »Botschaften« durch Trance-Medien, »direkte Stimmen« und zunehmend durch automatische Schrift zu erhalten. Die letztere Methode hat den großen Vorteil, Mißverständnisse weitgehend auszuschalten, da eine falsche Auslegung des Textes durch das Medium verhindert wird.

Es hat sich im Laufe der seitdem verflossenen hundert Jahre erwiesen, daß gewisse Menschen eine sogenannte »mediale Veranlagung« besitzen, die sie befähigt, Geister zu sehen, mit ihnen zu sprechen, ja sich in ihre Sphäre zu begeben. Es ist auch möglich geworden, solche Kommunikationsgeister zu identifizieren. Seit der Aufnahme der »psychischen Forschung«, d. h. der Parapsychologie, wurden die spiritistischen Phänomene ganz besonders Gegenstand wissenschaftlicher Prüfung, und es ist heute einwandfrei erwiesen, daß Medien mit den nachfolgenden Fähigkeiten — allen gegenteiligen Behauptungen zum Trotz — tatsächlich existieren und über die ganze Welt verbreitet sind. Vor der Aufzählung der Verschiedenartigkeit der Medien und der durch sie hervorgerufenen Phänomene sei aber noch einmal kurz die Frage untersucht:

Was ist und wer ist ein Medium?

Jeder Mensch besitzt Anlagen zum Mediumismus, und so könnte man sagen: Jeder Mensch ist ein Medium. Man gebraucht diese Bezeichnung aber nur für Menschen, die eine ausgesprochene, übernormale Gabe der Medialität besitzen, die sich durch Manifestationen von gewisser Bedeutung äußert. Der Grad der Medialität hängt von einer mehr oder weniger empfindsamen Organisation des Körpers ab. Viele

Medien müssen sich in Trance begeben — ein hypnoseähnlicher Zustand, bei dem das Tagesbewußtsein ausgeschaltet ist —, um paranormale Phänomene hervorbringen zu können, andern gelingt es auch im Wachzustand.

Medialität wirkt sich nicht bei allen Medien auf die gleiche Art aus. Im Gegenteil, die Manifestationen sind außerordentlich verschieden, und dazwischen gibt es noch unzählige Mischformen. Wir wollen versuchen, die am häufigsten vorkommenden Erscheinungen zu definieren:

Physikalische Medien nennt man solche, die befähigt sind, materielle Phänomene wie Bewegung lebloser Gegenstände ohne Berührung, Klopflaute, Geräusche, Materialisationen, d. h. sicht- und sogar fühlbare Phantome, und Apporte (Herbeischaffung von Gegenständen durch Wände und verschlossene Türen hindurch) hervorzubringen. Man könnte hier noch freiwillige und unfreiwillige Medien unterscheiden, d. h. solche, die sich ihrer Kraft bewußt sind und die die Phänomene durch einen Akt ihres Willens hervorrufen, und andere, die von ihrer Gabe keine Ahnung haben.

Hörende Medien hören die Stimmen von Geistern, und zwar so klar und deutlich wie die Stimme einer lebenden Person. Sie können mit Geistern eine Unterhaltung führen. Sind sie gewohnt, mit bestimmten Geistern zu verkehren, so erkennen sie dieselben an ihrer Stimme. Wer kein Medium ist, aber mit einer verstorbenen Person verkehren möchte, kann sich an ein solches Medium wenden, das dann die Stellung eines Dolmetschers übernimmt.

Sprechende Medien hören oft gar nicht, was sie sagen. Bei ihnen wirkt der Geist auf die Sprachorgane, und es kommt vor, daß sie über Dinge berichten, von denen sie keine Kenntnisse besitzen und die den Grad ihrer Bildung und Intelligenz bei weitem übersteigen.

Sehende Medien sind mit der Fähigkeit begabt, Geister zu sehen, und zwar gelingt ihnen dies oft auch im Normalzustand, d. h. wenn sie vollkommen wach sind. Es gibt aber auch solche, die die Gabe nur im somnambulen Trance-Zustand besitzen.

Schreibende Medien sind heute viel zahlreicher als früher. Der Grund dafür scheint darin zu liegen, daß die »automatische Schrift« — wie man dieses Phänomen nennt — bei weitem die beste Art des Verkehrs zwischen Geistern und Menschen darstellt. Wenn sich ein Geist mitteilen will, bedient er sich jenes Organs, das beim Medium am »biegsamsten« ist. Bei dem einen leiht er sich das Gehör, beim anderen die Stimme, beim dritten die Hand. Da praktisch jeder einigermaßen geschulte Mensch flüssig schreiben kann, bereitet diese Mitteilungsart verhältnismäßig wenig Schwierigkeiten, und überdies läßt sich die Schreibfähigkeit des Mediums durch Übung leichter entwickeln als andere Verständigungsmittel.

Unter den schreibenden Medien gibt es auch wieder verschiedene Arten zu unterscheiden: Automatisch schreibende Medien, die selbst keine Kenntnis von dem

Geschriebenen besitzen, deren Hand einen zwanghaften Impuls zum Schreiben empfängt. Medien, die halbautomatisch schreiben; hier empfängt die Hand ebenfalls einen unfreiwilligen Impuls, aber das Medium hat augenblicklich Kenntnis der Worte und Sätze, die es geschrieben hat, obwohl es dieselben oft kaum im Gedächtnis behalten kann. Medien, denen Gedanken eingegeben werden, die sie dann niederschreiben. Bei dieser Art kommt es leicht zu Irrtümern, denn es gelingt ihnen nicht immer, eigene Gedanken von den eingegebenen zu trennen. Schließlich Medien, deren automatische Schrift sich bei jedem Wechsel des sich offenbarenden Geistes verändert. Solche Medien erkennen die Geister an ihrer Schrift wie die hörenden Medien sie an ihrer Stimme erkennen. Es gibt Fälle, in denen erwiesen werden konnte, daß die durch ein solches Medium hervorgebrachte Schrift (die von seiner eigenen gänzlich verschieden ist) mit derjenigen identisch war, die der Geist als Mensch besaß. Das eigenartigste Phänomen ist aber die sogenannte »direkte Schrift«. Medien für direkte Schrift können bewirken, daß ohne menschliches Zutun Zeichen, Buchstaben, Worte und ganze Sätze zu Papier gebracht werden. Meistens handelt es sich nur um kurze Mitteilungen oder Hinweise. Diese Manifestationen scheinen dazu bestimmt, die Einwirkung einer verborgenen Macht offenkundig zu demonstrieren. Gewöhnlich wird ein Bogen Papier irgendwo hingelegt und zehn bis fünfzehn Minuten dort belassen, während die Zirkelteilnehmer durch Gebet und durch Sammlung der Gedanken die Bedingungen für das Auftreten des Phänomens schaffen. Sehr oft ist der Bogen dann beschrieben. Sind die Teilnehmer des Experiments nicht ernsthaft interessiert und nicht von sympathischen und wohlwollenden Gefühlen beseelt, mißlingt das Vorhaben meistens. Direkte Schrift kann auch spontan auftreten. Plötzlich sind irgendwo an einer gut sichtbaren Stelle ein Wort oder einige Worte geschrieben worden, obwohl sich kein Mensch in der Nähe befand.

Heilende Medien. Es gibt ziemlich viele Menschen, die die Gabe besitzen, durch bloßes Berühren, durch Handbewegungen oder durch gedankliche Konzentration selbst auf große Distanz ohne Verabreichung irgendwelcher Medikamente zu heilen. Es handelt sich dabei um eine mediale Heilkraft, die spontan wirkt. Sehr viele heilende Medien bedienen sich des Gebets, was darauf hindeutet, daß die Heilkraft eine geistige ist, d. h. daß eine Anrufung des Übersinnlichen erfolgt.

Die Gabe der Geistheilung scheint fast in jedem Menschen potentiell vorhanden zu sein, und es bilden sich wahrscheinlich mehr ernsthafte Menschen zu Geistheilern aus als zu anderem Mediumismus. Interessanterweise scheint eine der Voraussetzungen für wirksame Geistheilung in einem absolut selbstlosen Charakter und einem uneingeschränkten Liebesgefühl zu *allen* Menschen zu bestehen. Es ist daher auch die Regel, daß kein Geistheiler für seine Dienste Bezahlung verlangt. Es gibt solche, die freiwillige Spenden annehmen, weil sie natürlich einige Mittel zum Leben brauchen, aber es werden nie Rechnungen ausgestellt.

Medien für Geistfotografie. Es gibt eine Medialität, unter deren Einfluß auf Fotografien neben dem tatsächlich fotografierten Motiv sogenannte »Extras« entstehen, d. h. Abbildungen von einem oder mehreren Gesichtern, bzw. ganzen Personen, die oft als Verstorbene, meist Verwandte, identifizierbar sind. Wenn das geschieht, ist immer entweder der Fotograf oder die Person, die sich fotografieren läßt, ein Medium. Es hat Geistfotografen gegeben, denen bereits die Haarlocke eines Menschen genügte, um Bilder verstorbener Freunde oder Verwandter desselben als »Extras« zu erhalten.

Feuerfeste Medien besitzen die außerordentliche Fähigkeit, sich gegen Hitzeeinwirkung unempfindlich zu machen und diese »Feuerfestigkeit« sogar auf andere Menschen und Gegenstände zu übertragen. Ein bestimmter Zustand scheint Materien, sogar die brennbaren, gegen Feuer immun zu machen. Das bekannteste Medium dieser Art war zweifellos der Schotte Daniel Dunglas Home, der glühende Kohlen aus dem Feuer nehmen und sie auf eine Zeitung legen konnte, ohne Brandwunden zu erleiden und ohne die Zeitung auch nur anzusengen.

Wenn es auch nicht direkt zum Thema gehört, dürfte es viele Leser doch interessieren, daß der Kult des Feuerschreitens sogar in Europa noch alljährlich am 21. Mai begangen wird, und zwar im Norden Griechenlands durch die »Anastenaria« — wie sich diese »Feuerschreiter« nennen —, die mit nackten Füßen auf der Feuerglut tanzen ohne Brandwunden zu erhalten. Sie werden zuvor durch viele religiöse Zeremonien und mit Hilfe einer »Ikone« (einem Bild des heiligen Konstantin und seiner Mutter, der heiligen Helena) in Ekstase versetzt.

Eine ganz andere Medialität stellen die *Austritte des Bewußtseins aus dem physischen Körper* dar. Da dieses Phänomen schon im Kapitel »Bewußtheit, Bewußtsein und Seele« eingehend beschrieben worden ist, können wir uns hier mit seiner bloßen Erwähnung begnügen.

Diese unvollständige, aber immerhin eindrucksvolle Liste von der Verschiedenartigkeit der Medien sowie der auftretenden Phänomene mag dem, der zum ersten Mal damit konfrontiert wird, phantastisch erscheinen und bei ihm deshalb auf Ablehnung stoßen. In diesem Fall kann ich ihm nur empfehlen, sich diese Phänomene selbst anzusehen. Nichts überzeugt mehr als die eigene Erfahrung.

Prinzipien des Spiritismus

Spiritismus stellt sich nicht als Religion dar, sondern fußt auf der Anerkennung geistiger Gesetze und Prinzipien, die es ermöglichen, mit der Geisterwelt in Verbindung zu treten und geistige Kräfte zur Entfaltung zu bringen. In der englischen Zeitschrift »Two Worlds«[25]), in der laufend Auszüge aus Sitzungen mit dem Geistlehrer »Silver Birch« durch sein Medium Maurice Barbanell veröffentlicht werden, steht vor jeder Silver-Birch-Mitteilung das Motto:

>»Unser Treue-Eid gilt nicht einem Glaubensbekenntnis, nicht einem Buch, nicht einer Kirche, sondern dem großen Geist des Lebens und Seinen ewigen Naturgesetzen.«

Der Gründerin der Monatszeitschrift »Two Worlds«, dem bekannten englischen Medium *Emma Hardinge Britten,* wurden durch die Geisterwelt sieben Prinzipien des Spiritismus mitgeteilt[24]) (übersetzt vom Verfasser). Sie lauten:

1) Die Vaterschaft Gottes,
2) Die Bruderschaft unter den Menschen,
3) Die Unsterblichkeit der Seele und ihrer Persönlichkeit,
4) Die bewiesene Tatsache der Gesprächsmöglichkeit zwischen Seelen im Jenseits und im Diesseits,
5) Persönliche Verantwortung,
6) Belohnung und Vergeltung im Jenseits für alle auf Erden vollbrachten guten und schlechten Taten,
7) Ewiger Fortschritt, der jeder Seele offensteht.

Dazu folgende Erläuterungen:

Die Vaterschaft Gottes: Da Beschreibungen immer Einschränkungen bedeuten, weigert sich der Spiritismus, das Wesen Gottes, das unbegrenzt und undefinierbar ist, zu »beschreiben«, aber für ihn ist klar, daß die große, erste Ursache von allem, die »Gott« genannt wird, sich stets durch geistige Gesetze offenbart.

Menschen, Medien und abgeschiedene Seelen mögen diese Gesetze benützen, aber ändern können sie sie nicht. Gott ist das Gesetz.

Das höchste geistige Gesetz, durch das sich Gott offenbart, ist das Gesetz der Liebe. Wenn es mit der Idee der Vaterschaft vereinigt wird, die Schutz und Liebe darstellt, so entsteht jenes Bild des Gesetzgebers und Schöpfers, der alles plant und verursacht, der die Macht über das Kleinste und Größte ausübt und von Ewigkeit zu Ewigkeit wirkt. Der Spiritismus kann sich keinen Gott vorstellen, der nur einen Teil der Menschheit oder überhaupt nur einen Teil der Schöpfung bevorzugt. Alle Kreaturen sind sein Werk und werden als solche von ihm geliebt. Er will, daß es allen gut gehe, doch müssen die Gesetze geachtet werden.

Die Vaterschaft Gottes bedeutet, daß alle Menschen Gottes Kinder sind. Die Spiritisten verstehen die Lehre *Jesu* in diesem Sinne.

Die Bruderschaft unter den Menschen, wie sie von *Jesus* gelehrt und gelebt wurde, entspricht ganz den spiritistischen Idealen. Es soll zwischen der ganzen Menschheit ein Gefühl der Zusammengehörigkeit existieren, so als ob alle Kreaturen eine einzige Familie wären. In der Familie beutet der Stärkere den Schwächeren nicht aus, sondern er hilft ihm. So sollten in spiritistischer Sicht die Beziehungen zwischen allen

Völkern und Rassen der Erde sein. Helfen und Heilen stellen Grundzüge der Spiritisten dar.

Die Unsterblichkeit der Seele und der Persönlichkeit wird gerade durch die bewiesene Gesprächsmöglichkeit zwischen Seelen im Jenseits und im Diesseits demonstriert. Dies ist der Anker des modernen Spiritismus. Die Christen glauben allgemein, die göttlichen Offenbarungen, wie sie in der Bibel beschrieben sind, hätten aufgehört. In spiritistischen Kreisen kommen sie aber noch dauernd vor. Die Ausbildung von Medien gehört denn auch zu den wertvollsten Tätigkeiten des Spiritismus.

Die persönliche Verantwortung wird so verstanden, daß wir nicht etwa durch einen Heiland »gerettet« werden, sondern für alle unsere Taten die volle Verantwortung zu tragen haben. Wir werden zwar nicht »bestraft«, sondern wir setzen durch unser Verhalten ganz einfach das Gesetz von Ursache und Wirkung in Gang. Die Reaktion auf eine schlechte Tat ist automatisch bösartig und bewirkt immer eine seelische Disharmonie, während diejenige auf eine gute Tat gutartig ist und unfehlbar seelische Freude und geistigen Fortschritt bringt.

Belohnung und Vergeltung im Jenseits für alle auf Erden vollbrachten guten und schlechten Taten besagt, daß jede gute Tat diesseits einen geistigen Fortschritt jenseits zur Folge habe, während Sünde dem Sünder mehr schade als dem Geschädigten. Die Sünde lenkt Gedanken in falsche, den göttlichen Gesetzen entgegengerichtete Bahnen, und die Verletzung dieser geistigen Gesetze verursacht seelische Leiden so sicher wie eine physische Verletzung, z. B. das Brechen eines Gliedes, physische Schmerzen erzeugt.

Der ewige Fortschritt, der jeder Seele offensteht, drückt sich in erster Linie im Glauben an ein Leben nach dem Tode und an die Lehre der Reinkarnation aus. Der Spiritismus befindet sich hier im Einklang mit der psychischen Forschung, mit den Resultaten der Rückerinnerungsexperimente unter Hypnose usw. Nach den Spiritisten macht jede Seele eine lange Reise durch, deren Zweck geistiges Wachstum und Vervollkommnung ist, und jede Inkarnation, jede Wiederverkörperung, stellt einen Abschnitt dieser Reise dar. Jede einzelne so gewonnene Erfahrung bereichert die Persönlichkeit und wird für alle Zeiten in die Erinnerung aufgenommen.

Der Spiritismus folgt somit den Hauptzügen der Lehre des großen Galiläers sowie aller Weltreligionen, die auf verschiedenen Wegen zu ähnlichen Erkenntnissen und Prinzipien gekommen sind. Die Verehrung des Schöpfers, die Liebe zu den Menschen, das geistige Heilen und die Verbindung mit den verstorbenen Seelen sind seine Hauptmerkmale.

Häufig wird auch heute noch behauptet, Spiritismus sei Schwindel und man tue gut daran, ihm aus dem Weg zu gehen. Eine große Zahl eminenter Wissenschaftler und berühmter Persönlichkeiten hingegen hat offen verkündet, daß die spiritistischen Phänomene tatsächlich existieren und mit Hilfe moderner Apparate bewiesen worden sind. Die Literatur der psychischen Forschung und der Parapsychologie ist voll von solchen Namen. Wir wollen hier nur die prominentesten von ihnen erwähnen:

Der englische Physiker und Chemiker *Sir William Crookes,* Entdecker des Thalliums, Erfinder des Radiometers, s. Zt. Präsident der *Royal Society* und der Londoner Gesellschaft für Psychische Forschung — der (ebenfalls englische) Physiker und Autor vieler wissenschaftlicher Bücher *Sir Oliver Lodge,* s. Zt. Mitglied der *Royal Society* und Präsident der *British Association,* der *Physical Society,* der Gesellschaft für Psychische Forschung, der Radio Gesellschaft, der Röntgen Gesellschaft und der *Marylebone Spiritualist Society* (jetzt *Spiritualist Association of Great Britain);* ferner der berühmte *»Sherlock-Holmes«*-Schriftsteller *Sir Arthur Conan Doyle;* der im Zweiten Weltkrieg als Sieger der Luftschlacht um England international bekannt gewordene *Air Chief Marshal Lord Dowding;* — in Frankreich das berühmte Ehepaar *Marie* und *Pierre Curie,* beide Professoren an der Sorbonne, beide Nobelpreisträger, die zusammen die radioaktiven Elemente Polonium und Radium entdeckten; der Physiologe und Nobelpreisträger Prof. *Charles Richet;* der Philosoph, Nobelpreisträger und Mitglied der *Academie Française* Prof. *Henri Bergson;* in Italien der bekannte Arzt und Anthropologe Prof. *Cesare Lombroso,* Turin; in Deutschland der Verfasser vieler klassisch gewordener Werke über physikalische Phänomene des Mediumismus Dr. med. *Freiherr Albert von Schrenck-Notzing,* München; und in der Schweiz der Psychologe *Carl Gustav Jung,* dessen Gedankengut durch das Jung-Institut in Zürich in alle Welt getragen wird.

Diese Liste hervorragender Männer dürfte genügen, um zu beweisen, daß die Phänomene tatsächlich existieren. Derartige Kapazitäten würden nie behaupten, das physikalisch Unmögliche sei doch Realität, wenn sie es nicht gesehen und miterlebt hätten. Hier noch einige Zeilen aus dem Buch »Die verborgene Kraft«[25a] des schwedischen Arztes und Parapsychologen Dr. *John Björkhem,* der sich auf S. 104 in folgender Weise über den Spiritismus äußert:

»Vom streng wissenschaftlichen Standpunkt aus darf man den Spiritismus nicht lächerlich machen, auch wenn vielleicht 98 Prozent aller Geisterbotschaften als wertlos zu betrachten wären. Sollten 2 Prozent oder auch nur 0,2 Prozent etwas von Wert enthalten, so ist das von unerhörtem Interesse. Man bedenke, was es heißt, wenn man bei chemischen Experimenten bei 0,2 Prozent der Versuche mit Erfolg rechnen kann, beispielsweise wenn es gilt, eine Substanz zu finden, die eine bestimmte Art Bakterien tötet. Welche Revolution würde das doch für die ärztliche Wissenschaft bedeuten! Solange man keine wirklichen Erklärungen hat, darf man nicht zu Gericht sitzen über Menschen, die auf Grund solcher außerordentlichen Erfahrungen sich die

Geisterhypothese zu eigen gemacht haben. Bei den Spiritisten weiß man jedenfalls immer, daß sie geistig eingestellte Menschen sind. Als solche können sie in der Kultur unserer Tage kein negatives Element darstellen, und das ist mehr, als man von den meisten Menschen sagen kann.«

Der Spiritismus ist heute eine Wissenschaft wie jede andere, nur daß sie sich mit nicht-physischen Dingen befaßt. Sie experimentiert mit Medien, vergleicht deren Aussagen, stellt Rückfragen und erhält so Informationen, die sich nachträglich schon oft als richtig erwiesen haben. Selbstverständlich sind sie nicht unfehlbar, denn die Übermittler der Informationen sind ja entkörperte Seelen, die weder perfekt noch allwissend, sondern (wenn auch vielleicht etwas weniger als im Fleisch) mit menschlichen Charaktereigenschaften behaftet sind.

Eines aber wird durch den Verkehr mit diesen entkörperten Geistern beleuchtet, nämlich daß die Geistpersönlichkeit beim physischen Tode nicht stirbt, sondern intakt bleibt!

Um dies wissenschaftlich nachzuweisen, ist es allerdings noch notwendig, die Identität zumindest einiger der sich manifestierenden Geister einwandfrei festzustellen. Dies soll im folgenden Kapitel geschehen.

DIE IDENTITÄTSERMITTLUNG MANIFESTIERENDER GEISTER

Die Identität eines Geistes ist keineswegs erwiesen, wenn er einen Namen oder auch die gesamten Personalien eines Verstorbenen mitteilt, denn er könnte lügen. Legen wir zugrunde, daß es sich bei dem Kommunikationsgeist um einen entkörperten Menschen handelt, müssen wir davon ausgehen, daß er die meisten seiner irdischen Charaktereigenschaften noch besitzt. Sollte er daher finden, seinen Mitteilungen würde größere Beachtung zuteil, wenn er vorgäbe, ein auf Erden berühmter Mann gewesen zu sein, läge die Angabe eines falschen Namens nahe. Solche Täuschungsversuche sind häufig beobachtet worden.

Es kommt bei Spontanfällen auch oft vor, daß das Medium behauptet und tatsächlich glaubt, die »Stimme Gottes« vernommen zu haben, und auch dieser Behauptung ist mit größter Skepsis zu begegnen, denn es ist rein unmöglich, die Identität Gottes festzustellen, und zwar deshalb, weil man ihn gar nicht kennt. Man weiß nur, daß es einen Gott geben muß, weil uns seine Werke offenbar werden, aber die »Gestalt« — so er eine hat — oder das Wesen Gottes, hat noch kein Mensch und auch kein Geist wahrnehmen können. Jede Mitteilung, Gott gesehen, gehört oder mit ihm gesprochen zu haben, ist daher eine unbeweisbare, individuelle Behauptung, die wissenschaftlich anfechtbar ist. Man darf also bei der Feststellung der Identität eines Geistes nicht leichtgläubig sein. Tatsächlich kann die Identität eines Geistwesens nur anhand des Inhalts seiner Mitteilungen, bei automatischer Schrift eventuell auf Grund des Schriftcharakters und bei der sogenannten »direkten Stimme« am Tonfall und spezifischen, für den Verstorbenen typischen Redewendungen oder anderen Eigentümlichkeiten erkannt und beurteilt werden. Rückfragen über bestimmte gemeinsame Erlebnisse können ebenfalls zur Identifizierung eines Geistes beitragen.

Allgemein kann man sagen: »Erhabene Geister«, also solche, die als Geistlehrer auftreten und über das Leben im Jenseits oder auch über falsche Auffassungen und Ansichten im Diesseits belehren, sind selten bereit, über ihre Identität, d. h. über ihre Inkarnationen auf der Erde, Angaben zu machen. Sie sagen mit Recht, das sei ganz ohne Belang und unklug, denn ihr Geist habe sich auch im Jenseits weiterentwickelt, und er sei so mit einer früheren, irdischen Persönlichkeit nicht mehr vergleichbar. Ferner hätte ein fortgeschrittener Geist eine ganze Anzahl irdischer Inkarnationen hinter sich, und sein gegenwärtiger Status sei die Gesamtsumme aller Erfahrungen. Er müßte somit direkt fragen, mit welcher Inkarnation die Identifikation gewünscht werde, und das sei sinnlos. Aus diesen Gründen legen sich solche Geistwesen meistens einen Phantasienamen zu.

Ganz anders verhält es sich mit den »niedrigen« Geistern, d. h. solchen, die meist vor verhältnismäßig kurzer Zeit ins Jenseits übergegangen sind und sich noch in Erdnähe befinden. Sie leben in den Erinnerungen ihrer Erdexistenz, die sie mit herübergenommen haben. Es ist ihnen daher eine Freude, mit ehemaligen Lebensgefährten Kontakt aufnehmen zu können, und sie geben sich deshalb Mühe, sich ihren irdischen Freunden zu erkennen zu geben, um zu zeigen, daß sie noch leben. Sie bekräftigen ihre Identität mit Vorliebe durch Bezugnahme auf kleine, unwichtige, aber niemand außer den Anwesenden bekannte Geschehnisse, und darin liegt gerade der Grund, warum so viele Geistmitteilungen sich mit für Außenstehende ganz belanglosen Dingen befassen. In dem kleinen Buch »*The History of the Spiritualist Association of Great Britain 1872–1972*«[26]) gibt der Autor *Roy Stemman* ein solches Beispiel. Als *Sir Arthur Conan Doyle* sich als Geist manifestierte, wollte der bekannte Autor *Shaw Desmond* dessen Identität unter Beweis stellen. Er fragte den Geist, wann sie sich das letzte Mal gesehen hätten. Die Antwort kam ohne jedes Zögern: Vor einem Hauseingang in der Victoria Street, wo beide vor einem plötzlichen Platzregen Schutz gesucht hatten. Die Durchgabe einer erhabenen Weisheit könnte die Identität eines manifestierenden Geistes nie überzeugend beweisen.

Eine verhältnismäßig leichte und zuverlässige Identifizierung von Geistern entsteht, wenn ein Verstorbener irgendein Geheimnis mit sich ins Grab genommen hat, das er aber unbedingt seinen Verwandten oder

Freunden zur Kenntnis bringen möchte. Da es sich bei einer solchen Manifestation um eine ganz persönliche Angelegenheit handelt, die nur von einer ganz bestimmten Quelle kommen und für bestimmte Menschen von Interesse sein kann, liegt die Identifikation des Geistes bereits in der Geistmitteilung selber. Ein typisches Beispiel für diese Art von Persönlichkeitsnachweis ist:

Der Fall Chaffin

Er ist dem »Journal« der Londoner Gesellschaft für Psychische Forschung vom Dezember 1962 (Vol. 41, No. 714) [27]) entnommen. Nachstehend eine Kurzfassung des Ereignisses:

James L. Chaffin war ein Farmer in Davie County, North Carolina, U.S.A., mit vier Söhnen: John A., James P., Marshal A. und Abner C. Chaffin. Am 16. November 1905 machte er ein Testament, demzufolge er seine Farm seinem dritten Sohn Marshal hinterlassen würde, und er ernannte ihn auch zu seinem Testamentsvollstrecker. Nach diesem Testament gingen seine Gattin und die drei anderen Söhne leer aus.

Einige Jahre später schien er mit dieser Verteilung seiner Habe unzufrieden zu sein, und am 16. Januar 1919 machte er ein neues Testament, in dem er erklärte, daß er, nachdem er das 27. Kapitel der Genesis gelesen habe, seine Habe gleichmäßig unter seinen vier Kindern verteilt haben wolle. Am 7. September 1921 starb James L. Chaffin unerwartet an den Folgen eines Sturzes. Der dritte Sohn Marshal erbte die ganze Habe auf Grund des ersten Testaments, da die Existenz des zweiten niemandem bekannt war.

Vier Jahre später, im Juni 1925 hatte der zweite Sohn James P. Chaffin eigenartige Träume. In einem sah er seinen Vater an seinem Bett stehen, und er hörte ihn sagen: »Du wirst mein Testament in der Tasche meines Mantels finden.« Dann verschwand das Traumbild.

Der Mantel wurde entdeckt, und man fand eine kleine Papierrolle in der Tasche eingenäht, auf der die vom Vater geschriebenen Worte standen: »Leset das 27. Kapitel der Genesis in der alten Bibel meines Vaters.«

Im Beisein von Zeugen öffnete man die Bibel, und in einer Art Tasche, die durch das Falten von zwei Seiten an der erwähnten Stelle geformt wurde, fand man das Testament. Nachdem die Tatsachen durch ein Gericht nachgeprüft worden waren, wurde das zweite Testament als rechtsgültig erklärt.

Wenn wir die vor Gericht unter Eid abgegebenen Erklärungen, daß niemand von der Existenz dieses zweiten Testaments etwas gewußt hatte, was ja durch die Nicht-Anfechtung des ersten Testaments eigentlich dokumentiert ist, als erwiesen ansehen, wenn wir ferner zugeben, daß durch das plötzliche Ableben des Vaters diese Kenntnis mit ihm zu Grabe getragen worden ist, dann heißt das: die dem Sohn durch das Traumgesicht gemachte Mitteilung konnte nur von der entkörperten Seele des Vaters stammen. Es bedeutet ferner, daß sich diese entkörperte Seele immer noch um die Geschehnisse in der materiellen Welt kümmerte, was deutlich zeigt, daß sie auch nach dem physischen Tode ihr Erinnerungs- und Denkvermögen beibehalten hat.

Als Identitätsbeweis eines manifestierenden Geistes darf der Spuk von Hydesville, von dem in »Die Wissenschaft des Spiritismus« bereits berichtet wurde, gelten.

Ein weiterer derartiger Beweis ist

Der Fall Rochlitz,

von dem Dr. *Erich Petersen* in der Zeitschrift für Parapsychologie »Neue Wissenschaft«[28]) November/Dezember 1952 (Jahrgang 3, Heft 2/3) einen Bericht veröffentlicht hat. Wir geben nachstehend eine gekürzte Version:

Dr. *Petersen* nahm im Jahre 1926 regelmäßig an spiritistischen Sitzungen teil, die stets von den gleichen zehn bis zwölf Personen besucht wurden. Dem Zirkel stand ein bedeutendes Medium, eine damals 45-jährige Dame zur Verfügung. Sie war während der im Dunkeln abgehaltenen Sitzungen — mit ganz wenigen, für uns nicht in Betracht kommenden Ausnahmen — völlig wach, und die Phänomene gestalteten sich sehr vielseitig. So kamen heftige Klopflaute, Fernbewegungen, Berührungen durch »fluidale Gliedmaßen«, Apporte, Hellsehen und Prophetie vor.

Die hier besonders interessierenden Ereignisse sind jedoch »intelligente Mitteilungen« von Geistpersönlichkeiten, die das Medium sehr genau sehen konnte. Diese Mitteilungen wurden den Zirkelteilnehmern durch einen von Dr. *Petersen* konstruierten Tisch vermittelt, der gegenüber der vorher angewandten Klopfalphabet-Methode eine bedeutende Erleichterung darstellte. In einem unter der Tischplatte befindlichen, schwach erleuchteten Hohlraum wurde durch die kippende Bewegung des Tisches ein Zeiger in Bewegung gesetzt, der auf Buchstaben zeigte, welche durch Öffnungen in der Tischplatte hindurchschienen, die aber mit durchsichtigem Material verschlossen waren. Es handelte sich also um einen Tisch, der für Dunkelsitzungen geschaffen war, wenig Energie beanspruchte und schnell sowie irrtumfrei arbeitete. Von jeder Sitzung, die immer auf 21 Uhr angesetzt war, wurde ein genaues Protokoll erstellt.

Während der Sitzung vom 19. Januar 1926 sah das Medium u. a. ganz deutlich eine Geistgestalt, die noch in keiner anderen Sitzung erschienen war. Es beschrieb sie als ca. 60-jährigen Mann, bartlos, mit wenig Kopfhaar, etwas spitzer Nase, hoher Stirn und gütigen Augen. Er erschien ganz in Weiß. Auf die Frage, wer er sei, antwortete er: »Rochlitz«. Keiner der Zirkelteilnehmer kannte den Namen. Und dann sprach die Geistgestalt weiter: »Ich bin Schriftsteller gewesen, war erst Sänger, bin schon 150 Jahre hier. Diese Sache interessiert mich. Wenn ihr gestattet, möchte ich euch am Dienstag mein irdisches Leben beschreiben. Ich nehme auch Anteil an eurem Sohn, der will ja seine Stimme ausbilden. — Ihr könnt ja dann forschen, Freund Tomfohrde erlaubt es gerne.«

Zur Erklärung dieser Worte sei erwähnt, daß ein Sohn der Familie, in deren Wohnung die Sitzungen stattfanden, Gesangunterricht nahm und Sänger werden wollte. Tomfohrde — bekannt aus *Ohlhavers* Buch »Die Toten leben« — war in den Sitzungen der Kontrollgeist, was durch die Beziehungen eines früheren Zirkelmitgliedes zum Hause *Ohlhaver* zu erklären ist.

Am Dienstag, den 26. Januar 1926, sah das Medium keine Geistwesen, aber durch den Tisch meldete sich Rochlitz als erster und sagte:

»Hier Johann Friedrich Rochlitz. Ich bin in Leipzig geboren und auch dort gestorben. Mein Geburtstag fiel am 12. Februar, mein Heimgang am 16. Dezember. Geburtsjahr 1770, gestorben 1842. Mein Vater war Schneidermeister, er hieß Carl Ludwig. Meine herzige Mutter hieß Susanne Magdalene, geborene Häcker. Dieses alles findet ihr im Kirchenbuch St. Tomae. Dieses nur, damit ihr überzeugt seid. — Ich kam erst als Externus in die Tomasschule. Später kam ich in das Alumneum...

Ich fing in meinem 18. Lebensjahr zu komponieren

(an). Dann lief die Wissenschaft mit mir fort. Nächstens mehr...«*)

Dr. *Petersen* suchte dann im Konversationslexikon nach und fand, daß der Rochlitz, der sich in den vergangenen zwei Sitzungen manifestiert hatte, tatsächlich darin figurierte und zeitweiliger Herausgeber der »Allgemeinen Musikalischen Zeitung«, die in Leipzig herauskam, war. Das Geburtsdatum stimmte allerdings nicht ganz. Es wurde mit 1769 angegeben, während in der Sitzung die Zahl 1770 genannt wurde.

Bei der nächsten Sitzung nun sah das Medium die Geistgestalt sehr deutlich, und sie meldete sich als erste durch den Zeigertisch. Sie, d. h. der Geist Rochlitz, griff sofort die Frage des Geburtsdatums auf und erklärte, er, Rochlitz, habe mit der Kirche schon immer über sein Geburtsdatum gestritten. Er wisse, daß er 1770 geboren worden sei, dagegen behaupte die Kirche, das Jahr sei 1769. Dann erzählte er weiter, er habe schließlich das Singen an den Nagel gehängt und sich der Wissenschaft zugewendet. 1789 habe er das Alumneum verlassen. Dann habe er 2 Jahre lang Theologie studiert, den Kursus aber nicht zu beenden vermocht, da ihm das Geld ausgegangen sei. Er erhielt dann bei einem Landskammerrat eine Stelle als Hauslehrer, mußte sie

---

*) Dr. Erich Petersen macht auf Spracheigentümlichkeiten, Sprachfehler und augenscheinlich »vergessene« Wörter aufmerksam, die im Bericht vorkommen. Teilweise waren sie zu Rochlitzs Zeiten gebräuchlich, wie z. B. »Mein Geburtstag fiel am 12. Februar«, andere scheinen auf Nachlässigkeit zu deuten.

aber nach anderthalb Jahren gesundheitswegen wieder verlassen. Hier mußte er wiederum seine Durchgaben einstellen, offenbar weil die dafür vorhandene Kraft versiegte.

Am Dienstag, den 9. Februar 1926, meldete sich Rochlitzs Geist wieder und sagte, er hätte die Stelle beim Landskammerrat Oeler in Crimmerschau verlassen und sei nach Leipzig zurückgefahren. Dank seines Freundes *Beethoven*, der ihm Mittel beschaffte, habe er das Theologie-Studium wieder aufnehmen können, und er habe auch in den Hauptkirchen Kanzelreden gehalten, was ihn jedoch nicht voll befriedigte. Alles war ihm zu eng, und es trieb ihn auf den Weg zu schriftstellerischer Tätigkeit. Er soll in Leipzig auch *Mozart* getroffen haben.

Am 23. Februar 1926 vermittelte er dann, er habe 1810 die Tochter des Baurats Hansen zu Leipzig geheiratet. Sie sei eine verwitwete Daniel Winkler gewesen. Die Ehe sei glücklich gewesen, aber ohne Nachkommen geblieben. Er erwähnte ferner, daß ihm im Jahre 1831 das Ritterkreuz und der Hausorden vom Weißen Falken verliehen wurden. Seine letzten zwölf Jahre habe er ganz seinem Gott und Heiland gewidmet. Sein Gesangbuch sei erst nach seinem Heimgang eingeführt worden. Beim Sonnenaufgang des 16. Dezembers habe sich sein Geist von seiner irdischen Hülle getrennt. Am 19. Dezember sei sein »Kleid« begraben worden. Er habe vier Wochen am Nervenfieber gelitten. Er sage all das nur, damit die Zirkelteilnehmer nachforschen könnten.

Diese haben die Nachforschungen zunächst beim Pfarramt der Thomaskirche zu Leipzig unternommen und erfahren, daß der Name und Beruf des Vaters sowie Name und Mädchenname der Mutter genau stimmten, daß Rochlitz' eigener Name richtig angegeben war, nur die Daten von Geburt und Taufe zeigten den bereits erwähnten Unterschied von einem Jahr. Es ist sehr interessant, daß in »Gerbers Musik Lexikon« Leipzig 1803, also zu Rochlitz' Lebzeiten, eine von Rochlitz selber verfaßte kurze Selbstbiographie enthalten ist, in der das von ihm erwähnte Geburtsjahr 1770 angegeben ist. Rochlitz hat auch tatsächlich im September 1781 als Quartaner ins *Album alumneorum* der Thomasschule eigenhändig seinen Namen mit dem Geburtsjahr 1768 eingetragen. Er scheint in Sachen Daten nicht sehr exakt gewesen zu sein, denn er behauptete ebenfalls, die Schule im Jahre 1789 verlassen zu haben, während, wie der Rektor der Schule eigenhändig den Eintrag gemacht hatte, ihm das Zeugnis der Reife schon im Jahre 1788 ausgestellt worden war.

Alle übrigen Angaben aber, so befremdend und so detailliert sie z. T. waren, wurden durch eine in der »Allgemeinen Musikalischen Zeitung«, Jahrgang 1843, Heft 7—9, durch eine von *Dörffel* verfaßte Biographie und durch die nach Rochlitzs Tod in Züllichau erschienene Auflage der »Auswahl des Besten aus Joh. Fr. Rochlitzs gesammelten Schriften, vom Verfasser veranstaltet, verbessert und herausgegeben«, vollauf bestätigt. Um all diese Nachforschungen durchführen zu können, mußten die verschiedenen Quellen aus der Berliner Universitätsbibliothek leihweise angefordert werden.

Wir haben eingangs erwähnt, daß das Medium die Geistgestalt, die diese Angaben machte, sehen konnte und sie beschrieb. Am Schluß wurde dem Medium das in der »Allgemeinen Musik Zeitung« 1843, No. 7, erschienene Bild gezeigt, worauf es sofort die Identität der Geistgestalt bestätigte. Das Gesicht sehe etwas schmaler aus als auf dem Bild.

Anschließend gab Dr. *Petersen* in seinem Artikel »Ein Identitätsbeweis« (»Neue Wissenschaft«, Heft 2/3, Nov./Dez. 1952) noch eine kritische Betrachtung des Falles und einige Eindrücke wieder: Rochlitz habe sich mit den Zirkelteilnehmern in ungezwungener Weise unterhalten und auf Fragen richtige Antworten gegeben. Dabei erwähnte er, zwei Brüder gehabt zu haben, die aber nirgends in einer Biographie aufgeführt sind, deren Existenz jedoch aus Registern bestätigt werden konnte. Der allgemeine Eindruck auf die Teilnehmer an diesen Sitzungen war, daß Rochlitz eine denkende und bei den Sitzungen anwesende Persönlichkeit gewesen sei.

Dr. *Petersen* schließt seine Ausführungen mit dem sehr weisen, aber selten zur Anwendung gebrachten Argument, daß es eine wissenschaftlich unbegründete Ansicht sei, eine spiritistische Hypothese immer erst dann in Erwägung ziehen zu dürfen, wenn alle anderen, auch die höchst unwahrscheinlichen, versagt hätten. Niemand habe ein Recht, eine Rangordnung aufzustellen. In »okkulten« Dingen sei stets jene Hypothese als die beste zu betrachten, die ein Erlebnis am besten, einfachsten und ungezwungensten deute, und vor allem dürften keine zeitbedingten Vorurteile mitspielen. — Jeder wahre Wissenschaftler muß dieser Einstellung seine volle Unterstützung geben.

Ein weiterer, außerordentlich gut dokumentierter Identitätsbeweis eines manifestierenden Geistes ist:

Das Phänomen der automatischen Schrift von Gordon Burdick,

welches in zwei Büchern von *Grace Rosher,* »Beyond the Horizon «[29]) und »The Travellers' Return«[30]) erläutert ist. Es soll hier nur so weit auf den Inhalt der empfangenen Botschaften eingegangen werden, als er für den Identitätsbeweis seines Urhebers von Bedeutung ist. — Zunächst kurz die Vorgeschichte:

Grace Rosher, eine Engländerin, machte im Herbst 1919 in Kanada die Bekanntschaft eines Flottenoffiziers namens Gordon Burdick, der im Kriege gedient hatte und nun heimkehrte, um demobilisiert zu werden. *Grace Rosher* beschreibt ihr erstes Zusammentreffen mit ihm mit ungefähr folgenden Worten:

»Ich wurde durch einen hochgewachsenen, sehr gut

aussehenden jungen Flottenoffizier begrüßt, und wie sich unsere Hände berührten, befiel mich augenblicklich ein überwältigendes Gefühl, diesen Mann schon früher gekannt und jetzt wiedererkannt zu haben. Auf eine mysteriöse Weise fühlte ich, unsere beiden Leben seien untrennbar miteinander verbunden. Mehrere Jahre später gestand er mir, dieses gleiche Gefühl empfunden und gewußt zu haben, daß es ein von uns beiden geteiltes Gefühl war.« Miss Rosher fragte sich, ob vielleicht dieses Gefühl ihn veranlaßt habe, sie nur ein einziges Mal mit »Miss Rosher« anzureden, denn danach habe er immer ihren Vornamen gebraucht. Etwas später schreibt sie noch dazu:

»Ich hatte die tiefe Überzeugung, daß mit ihm jemand in mein Leben eingetreten war, der es nie mehr verlassen würde.«

Gordon Burdick hatte alle Vorbereitungen getroffen und sogar einen Platz für die Fahrt nach England auf der »Queen Mary« gebucht, als er plötzlich krank wurde und noch vor seiner Abreise starb. Es ist selbstverständlich, daß dies für *Grace Rosher* einen schweren Schicksalsschlag bedeutete. Wir zitieren einige Auszüge aus dem Buch »Beyond the Horizon« (vom Verfasser übersetzt). Zuerst einige Sätze aus dem Vorwort. Sie schreibt:

»Indem ich die nachfolgenden Mitteilungen ‚von der anderen Seite des Lebens' — wie sie mein Kommunikator bezeichnet — darbiete, möchte ich klar machen, daß weder er noch ich irgendwelche Kenntnisse oder

Interessen hinsichtlich des Spiritismus hatten. In Wirklichkeit war ich ganz gegen alles, was dieses Gebiet betrifft, eingestellt, und ich hegte keinen Wunsch nach Erforschung desselben. Das will jedoch nicht heißen, daß ich keinen Glauben an ein zukünftiges Leben hatte.

Als junges Mädchen hatte ich einmal mit einer viel geliebten verstorbenen Verwandten eine sehr lebhafte Traum-Erfahrung, während welcher es mir möglich war, mit ihr eine kurze Unterredung zu führen, deren letzte Worte lauteten: »Wenn Leute nur wüßten, wenn sie nur verstünden, dann hätte niemand Angst vor dem Tode.« Diese Erfahrung — die ich auch meinem Freund Gordon Burdick erzählt hatte — besänftigte in jenen Tagen nicht nur mein Gefühl der Trauer, sondern hinterließ einen solch tiefen Eindruck, daß für mich die Fortdauer des Lebens nach dem Tode feststand, und ich glaubte auch, daß es vielleicht bei teilweiser Loslösung vom physischen Körper während des Schlafes möglich sein könnte, mit jenen, die uns lieb waren und die die irdische Welt verlassen hatten, zusammenzutreffen.

Als ich die Nachricht vom plötzlichen Hinscheiden meines Freundes kurz vor seiner Abreise nach England erhielt, blieb mir als einzige Hoffnung, ich werde vielleicht ein ähnliches Traum-Erlebnis mit ihm haben, in dem er zu mir sprechen würde.

Unser erstes Zusammentreffen fand in unserer Jugend statt, und es entsprang daraus zwischen uns eine glückvermittelnde, herzliche Freundschaft, die uns durch Jahre hindurch ununterbrochen verband. Sein plötzliches Hinscheiden — denn er wollte zu mir kommen — war ein harter Schlag. Meine erste Reaktion, nachdem ich mich vom ersten Schock etwas aufgefangen hatte, war: »Wenigstens können wir immer noch Gedanken zueinander senden.« Er hatte immer an die Möglichkeit telepathischer Verbindung zwischen Menschen, die sich nahe standen, geglaubt, und er erwähnte das auch einmal in einem Brief, dem er beifügte, daß auf diese Weise unsere gedankliche Verbindung die Distanz überbrücken könne. Von Zeit zu Zeit wurde mir auch zur Genüge bewiesen, daß unsere Gedanken uns gegenseitig über die viertausend Meilen, die uns zumeist voneinander trennten, erreichten.

Zu jener Zeit dachte ich auch gerne an eine Begebenheit bei einem Zusammensein mit ihm: Ohne irgendwelche Bezugnahme auf das Thema unseres Gesprächs klopfte er sich plötzlich auf den Arm und sagte ernst: ‚Schau Grace, *das da* ist nicht ich'. Sehr erstaunt über diese scheinbar zusammenhanglose Bemerkung, aber verstehend, was er sagen wollte — nämlich daß sein physischer Körper nicht sein wahres Selbst sei —, fügte ich rasch hinzu: ‚Eigentlich, wenn man sich's richtig überlegt, haben wir einander nie wirklich gesehen.'«

Im Vorwort wird dann weiter erläutert, wie sich *Grace Rosher* zu trösten suchte, aber auch, daß sie nie den Versuch unternahm oder unternehmen wollte, durch ein Medium mit ihrem verstorbenen Freund in Verbindung zu treten. In der Annahme, daß Erinnerung und Bewußtsein den Tod überleben, dachte sie, er müsse ja wissen, daß ihrerseits ein derartiger Versuch nicht unternommen würde. Sie verabscheute das Okkulte derart, daß enorm viel nötig gewesen wäre, um sie umzustimmen. Automatische Schrift war für sie kein Begriff. Sie wußte nur, daß es so etwas geben solle, aber was es war, interessierte sie nicht einmal. Für diese Dinge hatte sie nichts übrig.

Infolge dieser Einstellung mußte eine Initiative also tatsächlich von der anderen Seite kommen, und das geschah auch in sehr überraschender Weise.

Hier ihre eigenen Worte auf Seite 1 des Buches »Beyond the Horizon«:

»Es war halb vier Uhr nachmittags im September 1957. Ich saß an meinem Tisch und schrieb Briefe. Ich hatte soeben einen beendet und den dazugehörigen Umschlag adressiert, und ich überlegte mir, ob die Zeit noch ausreiche, einen neuen anzufangen, bevor ein von mir zum Tee geladener Besuch kam. Meine Hand hielt die Feder immer noch und stützte sich auf die Schreibunterlage, während ich versuchte, diese Frage zu entscheiden; da hörte ich plötzlich die Worte: ‚Laß deine Hand dort und schau, was geschieht', so klar, als wären sie gesprochen worden. Ich nehme heute an, daß ich sie hellhörend wahrgenommen haben muß. Meine Sofortreaktion war: ‚Warum denn? Es wird doch nichts geschehen', aber zu meinem größten Erstaunen begann die Feder ohne irgendeine Hilfe meinerseits zu schreiben. Wie ich das Geschehnis fasziniert verfolgte, bildete ich mir ein, daß eine Art elektrische Kraft in mir die Feder in Bewegung setzte, aber aus der wirren Linie, die über das Papier kroch, begannen sich Worte zu bilden und die Mitteilung: ‚Grüße von Gordon' erschien langsam. Die Mitteilung wurde wiederholt, dann kam mein Name, eine Liebesbeteuerung, gefolgt von den Worten: ‚Schreibe oft'. Die Worte waren alle aneinandergehängt und die sehr kleine Schrift wirkte zittrig und unsicher. Ganz verwirrt sagte ich in Gedanken: ‚Wer tut all das, bist du es oder ich?' Sofort bewegte sich die Feder und schrieb: ‚*Ich* tue es, *ich, Gordon, Gordon*'. Der Name wurde wiederholt, wie wenn ihm daran gelegen wäre, mich zu überzeugen. Dann folgte eine sehr persönliche Mitteilung von für mich kostbarstem Inhalt.

Da ich nicht wußte, was ich von dieser ganz unerwarteten und nicht gesuchten Erfahrung halten sollte, erzählte ich niemandem davon; aber ich zerbrach mir darüber den Kopf. Vier Tage später überlegte ich, ob eventuell doch etwas Wahres daran sei, d. h. ob er vielleicht wirklich Versuche machte, auf diesem Wege mit mir in Verbindung zu treten. Schließlich hatte er geschrieben: ‚Schreibe oft'. Aus diesem Grunde sollte ich ihm vielleicht doch Gelegenheit dazu geben. So nahm ich an jenem Abend mein Schreibzeug hervor, ließ meine Feder darauf ruhen und gleichzeitig betete ich, daß — wenn all das richtig sei und er, Gordon, tatsächlich versuchte, mich zu erreichen — Gott uns führen möge.

Innerhalb von Sekunden begann die Feder sich zu bewegen und mit zitternder Schrift schrieb sie: ‚Es ist mein Wunsch, Dir zu schreiben, Gordon. — Ich habe Dir viel zu erzählen. Wir wohnen in Häusern mit Gärten, du würdest mein Heim lieben.' Immer noch verwundert, aber neugierig fragte ich in Gedanken, wie es aussehe. ‚Sehr schön', kam die Antwort. ‚Ist es wie Seahaven?' (sein Heim in Vancouver), erkundigte ich mich. ‚Ja, sehr ähnlich, Grace, Du und ich werden eines Tages zusammen sein. Ab und zu bin ich bei Dir.' ‚Kannst Du mich sehen?' fragte ich. ‚Ja, Deine Füße sind immer noch recht hübsch.' Diese Bemerkung verursachte in mir Überraschung und große Freude, denn darin erkannte ich einen Identitätsbeweis. Er hatte immer behauptet, stolz darauf zu sein, daß ich so kleine Füße hätte, und oft, wenn wir uns längere Zeit nicht gesehen hatten, blickte er auf meine Füße und sagte im Spaß: ‚Ich habe nur kontrolliert, ob sie größer geworden sind.'

Von da an begann ich meine Fragen niederzuschreiben, und ich erhielt darauf Antworten in einer Handschrift, die zunehmend gleichmäßiger wurde und wie seine normale Handschrift aussah.«

Grace Rosher fuhr eine Zeitlang fort, auf diese Weise mit ihrem verstorbenen Freund Gespräche zu führen, aber langsam schlichen sich Zweifel ein, ob dieses mysteriöse Ding das Produkt ihres Unbewußten sein könnte, das vielleicht ihr bewußtes Selbst unter seine

GORDON BURDICK
als junger Mann

GRACE ROSHER

Kontrolle gebracht und aus ihr ein unfreiwilliges Opfer von Selbstbetrug gemacht hätte. Diese Frage plagte sie ständig, obwohl sie mit einem Gefühl vollständigen Gelöstseins die Feder verfolgte, wie sie ohne irgendwelche Anstrengung ihrerseits Dinge niederschrieb, von denen sie nie geträumt hatte, und dies in einer Schrift, die sich von der ihrigen vollständig unterschied.

Eines Tages teilte ihr Gordon Burdick durch automatische Schrift mit, daß er durch sie einen Bericht über das Leben nach dem Tode schreiben wolle, der dann in Buchform veröffentlicht werden sollte, damit die Menschheit endlich vernehme, daß es keinen Tod gibt und daß die Seele im sogenannten Jenseits weiterlebt. *Grace Rosher* setzte sich, der Aufforderung Gordon Burdicks folgend, an den Schreibtisch, und in vielen Sitzungen kam dann ein umfangreicher Bericht zustande. Als er fertig war, schrieb Gordon an Grace: »Nun ist es an Dir, einen Verleger zu finden.«

Hier nun wieder ein Auszug aus dem Buch »Beyond the Horizon«. Auf Seite 44 schreibt Miss *Rosher:* »Ich fühlte, daß ich das nicht tun könnte, ohne daß der Beweis der Echtheit der Mitteilungen erbracht und festgestellt war, daß mein Unbewußtes mit denselben in keinem Zusammenhang stehen konnte. Letzteres war für mich immer noch ein Stein des Anstoßes. Ich fürchtete, falls ich mit meinen Manuskripten zu einer spiritistischen Gesellschaft ginge, diese dieselben kritiklos als echt akzeptieren würde, denn ich stand unter dem Eindruck, Spiritisten seien sehr leichtgläubig.

Dann erinnerte ich mich, von einer Gruppe gehört zu haben, die sich *'The Churches' Fellowship for Psychical Study'* nannte. Da ich unter den Vize-Präsidenten eine beachtliche Anzahl Bischöfe und andere kirchliche Würdenträger entdeckte, entschied ich, daß diese gelehrte und rechtgläubige Körperschaft mir sicher, so oder so, die Wahrheit sagen würde. Ich verabredete daher eine Zusammenkunft mit dem Sekretär *The Reverend Maurice Elliot,* einem Priester der *Church of England.* Er stellte mir recht viele Fragen und sprach über das Unbewußte im Menschen. Ich versicherte ihm, daß ich gerade in dieser Hinsicht Bedenken hege, obwohl ich davon wenig verstünde und nicht wisse, in welchem Grade das Unbewußte fähig wäre, den bewußten Geist oder bewußte Handlungen zu kontrollieren. Auf alle Fälle übergab ich ihm das Buch über das Leben im Jenseits zusammen mit Proben meiner eigenen Handschrift und derjenigen Gordon Burdicks während seines Erdenlebens, damit er sie prüfen und vergleichen könne. Er sagte mir, er sei so beschäftigt, daß er sich damit frühestens in zwei Wochen befassen könne. Ich entgegnete ihm, daß das nicht von Bedeutung sei und daß ich nur seine ehrliche Ansicht erhalten möchte.

Ich kehrte nach London zurück, und zu meiner Überraschung erhielt ich schon am nächsten Morgen einen Anruf von Herrn Elliott, der mir mitteilte, er und sein Sekretär hätten das ganze Manuskript noch am Vorabend durchgeprüft und die Schriften verglichen. Er fügte hinzu: ‚Es ist sicher nicht Ihre Handschrift, sondern ganz entschieden die Seine', und er bat mich, ihn zu besuchen. Anläßlich dieser Zusammenkunft schlug Elliott — meine Zustimmung vorausgesetzt — vor, die drei Schriftstücke einem Berufsgraphologen zur weiteren Untersuchung zu unterbreiten. Ich war nur zu gern bereit, mein Einverständnis dafür zu erteilen, denn es war mein größtes Anliegen, einen möglichst definitiven Beweis der Echtheit der Mitteilungen zu erhalten.

Daraufhin wurde mit einem Berufsgraphologen und -psychologen Kontakt genommen, dessen Methode — so wurde uns gesagt — strikt wissenschaftlich sei. Das Resultat der Untersuchung war ein in alle Einzelheiten gehender Bericht von fast sieben Seiten Kanzleiformat. Jedes eingesandte Probestück war unter einem Mikroskop geprüft und dreißigfach vergrößert worden.

In seinem Begleitbrief sagte Mr. F. T. Hilliger, der Graphologe (Adresse Brambles, Triggs Lane, Woking, Surrey, England): ‚Ich darf bemerken, daß dieser Auftrag sich als fesselnd interessant und vom wissenschaftlichen Standpunkt aus als — gelinde gesagt — eine Offenbarung erwies.'

Einige der unterbreiteten Proben enthielten Fragen, die von mir normal geschrieben waren, sowie Antworten von Gordon Burdick in automatischer Schrift. Vor der mikroskopischen Prüfung derselben hatte Mr. Hilliger den Eindruck, ich hätte die Fragen geschrieben und sie nach Vancouver gesandt, wo

Gordon Burdick die Antworten einsetzte und sie an mich zurücksandte! Nach zusätzlicher Prüfung fand er aber heraus, daß die gleiche Tinte für die Fragen und die Antworten verwendet worden war. Er konstatierte auch, daß von zwanzig unbewußten Bewegungen in Handschriften Gordon Burdicks, die während seines Erdenlebens geschrieben worden waren, sechzehn sich auch in der automatischen Schrift konstant wiederholten. Durch die Schnelligkeit, mit der das niedergeschrieben wurde, was sich als automatische Schrift erwies — nur geringfügig langsamer als Gordons Schreibtempo im Leben —, wurde bewiesen, daß Betrug gänzlich ausgeschlossen war. Mr. Hilliger stand vor einem Rätsel, da er bisher nie auf etwas Ähnliches gestoßen war, und er brauchte einige Zeit, bevor er die Schlußfolgerung ziehen mußte, daß hier definitiv etwas Supernormales vorlag.«

Der ganze Bericht des Graphologen ist in *Grace Roshers* Buch als Anhang abgedruckt und füllt darin mehr als vierzehn Buchseiten. Wir übersetzen hier nur die Schlußfolgerung:

»Die Proben (a), (b) und (e) sind die echte Schrift von Gordon E. Burdick.

Die Proben (c), (g 1) und (f) stellen die natürliche Schrift von Grace Rosher dar.

Die Proben (c), (d), (g 1) und (g 2) stellen eine Handschrift dar, die von Grace Rosher in Form von Antworten zu den Fragen zu Papier gebracht wurde (die Fragen waren in ihrer normalen Handschrift geschrie-

ben). Die veränderte Handschrift, die die Antworten und bei (g 2) zusätzliche Mitteilungen gibt, ist der echten Handschrift von Gordon E. Burdick derart und in so vielen Beziehungen und auf eine solch konsequente Art durch alle vier (4) Proben hindurch, die zur Prüfung unterbreitet wurden, ähnlich, daß das Allermindeste, was in Gegenwart eines solch scheinbar nie dagewesenen Phänomens gesagt werden kann, ist, daß die durch Grace Rosher wiedergegebene Schrift — wenn so etwas menschenmöglich wäre — wahrhaft durch die Persönlichkeit von Gordon E. Burdick inspiriert worden war.
(Unterzeichnet) F. T. Hilliger
28. Januar 1958.«

Am 6. Februar 1958, d. h. kurz nach Erhalt dieser Analyse, kam von Gordon folgende Mitteilung durch: »Ich bin hier, gerade neben dir, und freue mich außerordentlich über das Resultat der Analyse. Ich wußte es zwar im voraus, denn *ich* habe ja geschrieben und nicht du!«

Wie bereits erwähnt, war die automatische Schrift des Kommunikators Gordon Burdick anfangs unsicher und zittrig, wurde aber durch Übung bestimmter und ausgeglichener. Eines Tages erhielt Grace Rosher folgende Aufforderung: »Wenn du die Feder etwas lockerer in der Hand hieltest, glaube ich noch leichter schreiben zu können. Es ist für mich jetzt so leicht, deine Hand zu benützen, daß du den Griff ein wenig lockern kannst, denn so ist es mir dann möglich, die Feder mehr oder weniger selbst zu führen.«

Grace Rosher gehorchte, mit dem Resultat, daß die Feder rascher schrieb und mehr Zug in die Handschrift kam. Und nun seien nochmals ihre eigenen Worte (S. 48, 49) zitiert:

»In der Gewißheit, daß ich die Feder jetzt nur noch so leicht berührte, daß ich sie kaum mehr in der Hand hielt, dachte ich: ‚Wenn du so geschickt bist, laß uns sehen, ob du nicht schreiben kannst, ohne daß ich sie überhaupt halte.' Ich legte die Feder dann zwischen meinen Daumen und Zeigefinger, so daß sie dort nur auflag, um sie vom Heruntergleiten zu bewahren, Daumen und Zeigefinger gespreizt und siehe! sie schrieb, und immer noch in seiner Handschrift! Er bekundete Freude darüber und sagte: ‚Das ist für mich eine gute Übung und erlaubt mir, die Feder ganz ohne deine Hilfe zu lenken. Ich glaube, wenn ich fortfahre so zu schreiben, werde ich bald geschickter schreiben können, da ich jetzt, anstatt deine Hand, die Feder halte. Es ist ein sehr interessantes Experiment.'«

Bald darauf konnte Gordon Burdick die Feder selber führen und dadurch besser und schneller schreiben.

Der Inhalt der durch diese automatische Schrift erhaltenen Mitteilungen ist ebenfalls sehr interessant. Ihres Umfanges wegen ist aber eine separate Behandlung notwendig.

Die Tatsache jedoch, daß sich ein verstorbener Freund bei seiner noch lebenden Freundin meldet, daß er Jahre hindurch mit ihr schriftlichen Kontakt unterhält, daß er in seiner eigenen Handschrift automatisch schreibt, daß ein Berufsgraphologe zwischen der echten und der automatischen Schrift — selbst unter dem Mikroskop — keinen Unterschied fand, und schließlich daß die Mitteilungen viele persönliche, Außenstehenden unverständliche Bemerkungen und Hinweise enthielten, dies alles zeigt mit noch nie dagewesener Beweiskraft, daß die Seele, bzw. die »Geisteinheit«, die auf der Erde einen physischen Körper bewohnt, durch den Tod oder den Zerfall dieses physischen Körpers keineswegs aufhört zu existieren. Es zeigt ganz im Gegenteil, daß alle geistigen Kräfte und Fähigkeiten unverändert, ja sogar in erhöhtem Maße weiter funktionieren. Das Phänomen der automatischen Schrift von Gordon Burdick durch Grace Rosher stellt aber auch einen der besten Identitätsbeweise eines manifestierenden Geistes dar!

Der Fall Forest Moulton

In seinem 1966 durch Psychic Press Ltd., London, veröffentlichten Buch »Nothing so Strange«[31] schreibt *Arthur Ford,* das bekannte amerikanische Medium, unter anderem folgendes:
»Ab und zu, wenn ich in Trance bin, finden sich Wissenschaftler ein. An einer Séance, die von einer Gruppe besucht wurde, der auch eine junge Anthropologin — die ihren B. A. (*batchelor of arts*) von der Drake Universität hatte — sowie ihr Bruder angehörten, der im

Begriff war, seinen Doktor-Titel an der Universität von Chicago zu machen, meldete sich ein unsichtbarer Wissenschaftler unter dem Namen Forest Moulton. Er begann mit persönlichen Kommentaren und sagte dann zu der Anthropologin: ‚Ich erhielt einst eine Ehrenauszeichnung von der Schule, die Ihnen den B. A. verlieh.' Dann wandte er sich an den Bruder und sagte: ‚Und ich erhielt meine Doktorwürde von der gleichen Universität, die im Begriff ist, Ihnen die Ihrige zu verleihen.' Als nachher in ‚Who's who' (Wer ist wer, ein bekanntes Nachschlagewerk über berühmte Personen) nachgeschlagen wurde, fand man tatsächlich, daß Prof. Moulton von der Drake Universität 1939 die Ehrenauszeichnung LLD (Dr. jur.) und seine Doktorwürde Ph. D (Dr. phil.) im Jahr 1899 von der Universität Chicago erhalten hatte.«

Da keiner der Anwesenden Forest Moulton gekannt und keiner vorher von ihm gehört hatte und weil das sich in Trance befindende Medium von dem ganzen Vorgang überhaupt nichts wußte, scheint die Annahme, der Geist Forest Moultons habe gesprochen, die naheliegendste zu sein. Jede andere Deutung muß demgegenüber als erzwungener Erklärungsversuch erscheinen.

Die Rückkehr des Monsignore Robert Hugh Benson

Eine andere, man möchte fast sagen, sensationelle Rückkehr, war diejenige des anglikanischen Priesters und Schriftstellers Monsignore *Robert Hugh Benson* – kein geringerer als der Sohn des früheren Erzbischofs von Canterbury, *Edward White Benson*. *Anthony Borgia,* das Medium, durch das sich *Benson* später manifestierte, hatte ihn im Jahre 1909 kennen gelernt, d. h. fünf Jahre vor seinem Heimgang ins sogenannte Jenseits.

Anthony Borgia hatte, wie *Grace Rosher* und andere, die wir noch kennen lernen werden, die Gabe des automatischen Schreibens. Auf diesem Wege wurde ihm durch einen »Geistfreund« mitgeteilt, daß *Robert Hugh Benson* mehrere Dinge richtigstellen möchte, daß er es aber wegen Übermittlungsschwierigkeiten noch nicht tun könne. Zu einem späteren Zeitpunkt wurde es *Robert Benson* dann möglich, mit einem Freund aus seinem irdischen Leben die Verbindung aufzunehmen, und offenbar war es das Privileg *Anthony Borgias,* dieser auserwählte Freund aus dem irdischen Leben zu sein und für *Benson* als Schreiber wirken zu können. *Robert Hugh Benson* war zeitlebens medial veranlagt.

Die Übermittlungen gestalteten sich im Laufe der Zeit sehr umfangreich und sind in *Anthony Borgias* Büchern »Life in the World Unseen«[32]) und »More About Life in the World Unseen«[33]) niedergelegt. Da uns aber gegenwärtig in erster Linie die Feststellung seiner Identität als entkörperter Geist beschäftigt, begnügen wir uns hier mit der Wiedergabe seiner das erste Buch eröffnenden Zeilen über sein irdisches Leben. Er sagt darin:

»Wer ich bin, hat keine Bedeutung. Wer ich war, ist noch weniger wichtig. Wir tragen unseren irdischen Rang in der geistigen Welt nicht mit uns herum. Ich habe meine irdische Stellung hinter mir gelassen. Was jetzt zählt, ist mein geistiger Wert, und dieser — mein guter Freund — ist weit unter dem, was er sein sollte und sein könnte. Soviel über das, wer ich bin. Darüber wer ich war, möchte ich einige Angaben hinsichtlich meiner geistigen Einstellung vor meinem Übergang in die geistige Welt machen.

Mein Erdenleben war, im ökonomischen Sinne, kein hartes, denn ich litt nie an physischem Mangel, aber es war sicherlich ein Leben harter, geistiger Arbeit. In meinen jungen Jahren wurde ich durch die Kirche angezogen, weil die Mystik der Kirche auf meinen eigenen mystischen Sinn anziehend wirkte. Die äußerlichen Symbole, d. h. die Lichter, Messegewänder und Zeremonien der Religions-Mysterien schienen meinen geistigen Appetit wie nichts anderes zu befriedigen. Vieles davon verstand ich natürlich nicht, und seit ich in der geistigen Welt angekommen bin, habe ich herausgefunden, daß diese Dinge unwichtig sind. Sie waren religiöse Probleme, die einst die Seelen der Menschen beschäftigten, aber sie haben in dem großen Plan des Lebens gar keine Bedeutung. Damals aber glaubte ich wie so viele andere — ohne einen Schimmer davon oder auf alle Fälle mit sehr wenig Verständnis — an eine allgemeine Religion. Ich lehrte und predigte im Einklang mit den orthodoxen Textbüchern und machte mir damit einen Namen. Wenn ich über einen zukünftigen Existenz-Zustand nachsann, dachte ich — allerdings nur unklar — an das, was mich die Kirche darüber gelehrt hatte, was furchtbar kleinlich und ganz unkorrekt war. Die Nähe der beiden Welten — der euren und der unseren — kam mir nicht zum Bewußtsein, obwohl ich davon über genügend Manifestationen verfügte. Von dem, was ich an okkulten Erfahrungen erlebte (er war hellsehend), dachte ich, es sei durch eine Art Verlängerung der Naturgesetze zustande gekommen, und sie sollten daher eher als zufällige denn als reguläre Geschehnisse betrachtet werden, die nur ganz wenigen vorbehalten bleiben.

Die Tatsache, daß ich ein Priester war, entzog mich den Heimsuchungen nicht, die die Kirche gerne als solche des Teufels betrachtet, obwohl ich nicht ein einziges Mal — das muß ich klarstellen — irgend etwas gesehen habe, was irgendwie einem Teufel ähnlich gewesen wäre. Ich wurde nicht inne, daß ich das war, was man auf Erden einen ‚Sensitiven' oder ein ‚Medium' nennt, d. h. eine Person mit der Gabe des Hellsehens, wenn auch begrenzten Ausmaßes.

Dieser ‚Einfall' einer psychischen Fähigkeit in mein priesterliches Leben wurde von mir als sehr störend empfunden, weil sie mit meinen orthodoxen Ansichten in Konflikt kam. Ich suchte daher Rat bei meinen Kollegen, aber sie wußten noch weniger als ich, und ihr einziger Vorschlag bestand darin, für mich zu beten, damit ich von diesen ‚Teufeln' befreit würde. Ihre

Gebete aber blieben wirkungslos, was, wie ich jetzt weiß, zu erwarten war. Hätten meine psychischen Erfahrungen auf einer geistig hohen Ebene gelegen, so wäre ich vielleicht als ein sehr heiliger Mann angesehen worden. Das war aber nicht der Fall, sondern es handelte sich nur um solche psychischen Erfahrungen, die jedem gewöhnlichen irdischen Medium zustoßen. Weil sie bei einem Priester der heiligen Kirche auftraten, wurden sie für ‚Versuchungen des Teufels' gehalten, während die gleichen Vorkommnisse bei einem Laien als ‚Zusammenarbeit mit dem Teufel' betrachtet worden wären oder als eine Form geistiger Verwirrung. Was meine Kollegen nicht verstanden, war, daß diese Kraft eine Gabe — ja, wie ich jetzt weiß, eine seltene Gabe — darstellt, und zwar eine mir persönlich verliehene, wie dies bei allen, die sie empfangen haben, der Fall ist. Um Befreiung davon zu beten, ist so unsinnig, wie wenn man um Befreiung von der Fähigkeit, Klavier spielen oder ein Bild malen zu können, beten würde. Es war nicht nur unsinnig, sondern falsch, weil eine solche Gabe — die es einem erlaubt, hinter den Vorhang zu sehen — geschenkt wurde, um damit der Menschheit zu helfen. Ich kann wenigstens sagen, daß ich nie um Befreiung von diesen Kräften gebetet habe. Ich betete viel, aber um Erleuchtung in dieser Angelegenheit.

Das große Hindernis in der Erforschung dieser Tätigkeit bestand in der kirchlichen Einstellung ihr gegenüber, die unnachgiebig, eindeutig, engstirnig und unwissend war — und ist. Ungeachtet dessen, wie lange die Erforschung gedauert hat und in welcher Richtung sie geführt wurde, das endgültige Urteil der Kirche blieb immer das gleiche, und ihre Ankündigungen waren unveränderlich, nämlich ‚daß diese Dinge vom Teufel stammen'. Und ich sah mich durch die Gesetze der Kirche gebunden, indem ich ihre Sakramente spendete und ihre Doktrin lehrte, während die geistige Welt an der Tür meiner wahren Existenz klopfte und versuchte, mir das zu zeigen — es mir persönlich sichtbar zu machen —, was mich so oft beschäftigte: unser zukünftiges Leben.

Ich habe viele meiner Erfahrungen von psychischen Geschehnissen in meinen Büchern aufgegriffen, den Erzählungen aber eine Wendung gegeben, die ihnen einen orthodox religiösen Geschmack verlieh. Die Wahrheit war darin enthalten, aber Sinn und Zweck davon erschienen verzerrt. In einer größeren Publikation glaubte ich, die Kirche gegen die Angriffe jener verteidigen zu müssen, die an das geistige Überleben des physischen Todes sowie an die Möglichkeit glaubten, die geistige Welt könne mit der irdischen Welt in Verbindung treten. Und in diesem größeren Werk schob ich — gegen mein besseres Wissen — die Schuld ‚dem Teufel' zu, während ich genau wußte, daß es sich nur um eine Auswirkung von Naturgesetzen handelte, die jenseits und ganz unabhängig von irgendeiner orthodoxen Religion und sicherlich auch nicht bösen Ursprungs waren.

Wäre ich meinen eigenen Neigungen gefolgt, so hätte das einen gänzlichen Umsturz in meinem Leben verursacht, d. h. eine Absage an die kirchliche Rechtgläubigkeit und damit wahrscheinlich ein sehr großes materielles Opfer, denn ich hatte mir ja auch noch einen Namen als Schriftsteller gemacht. Was ich bereits geschrieben hatte, wäre in den Augen meiner Leser wertlos geworden, und man würde mich als einen Ketzer oder einen Verrückten betrachtet haben. So ließ ich die größte Gelegenheit meines irdischen Lebens vorbeigehen. Wie groß diese Gelegenheit und wie groß mein Verlust und meine Reue waren, wußte ich erst, als ich in diese Welt einging, deren Bewohner ich schon so oft und bei so vielen verschiedenen Gelegenheiten gesehen hatte. Die Wahrheit befand sich in meiner Reichweite, und ich ließ sie fallen! Ich gehorchte der Kirche. Ihre Lehre hatte mich zu sehr in ihren Bann gezogen. Ich sah Tausende, die, wie ich, glaubten, und das ermutigte mich, denn ich konnte nicht verstehen, daß sie sich alle irrten. Und so versuchte ich, mein religiöses Leben von meinen psychischen Erfahrungen zu trennen und beide Bereiche so zu behandeln, als ob sie einander gar nichts angingen. Es war schwierig, aber es gelang mir, einen Kurs zu steuern, der mir ein Minimum von geistiger Beunruhigung verursachte, und so fuhr ich bis zum Ende fort, bis ich endlich an der Schwelle jener Welt stand, in die ich bereits einen flüchtigen Blick getan hatte. Was meiner wartete, als ich aufhörte, ein Bewohner der Erde zu sein und in die große geistige Welt überging, ist das, was ich in der Nachfolge zu erzählen wünsche.«

Wenn man die zu seinen Lebzeiten veröffentlichten Werke *Robert Hugh Bensons* heranzieht, fällt der Nachweis leicht, daß die Quelle der automatischen Schrift des Mediums *Anthony Borgia* nur der Geist Bensons gewesen sein kann. Anhand des Inhaltes — die Problematik des Zwiespalts zwischen medialer Erfahrung und religiöser Doktrin — und des Stils der automatischen Niederschriften, wie sie in unserem Auszug deutlich zum Ausdruck kommen, erweist sich zweifelsfrei die Identität des Urhebers, auch wenn er einleitend sagte: »Wer ich bin, hat keine Bedeutung, und wer ich war, ist noch weniger wichtig.« Tatsächlich jedoch ist beides auch in diesem Fall von außerordentlicher Wichtigkeit, denn nur von der Stichhaltigkeit des Persönlichkeitsnachweises läßt sich überzeugend ableiten, ob man an eine nachtotliche Weiterexistenz glauben bzw. sie als zwingend annehmen muß.

Die Rückkehr des Sohnes »John«

Die äußerst interessante Geschichte, die sich in der Familie Remmers abspielte, sei hier nur fragmentarisch wiedergegeben, denn eine ausführliche Beschreibung müßte eine vollständige Übersetzung des Buches »The Great Reality« von *John H. Remmers*[34]) erfordern, wofür selbstredend hier kein Raum ist. Diesmal handelt es sich nicht um Manifestationen durch automatische Schrift, sondern um eine Palette verschiedenartiger Phänomene, denn die ganze Familie besaß mediale Veranlagung. Doch lassen wir den Bericht für sich selbst sprechen:

Mr. John Remmers sen. hatte mit 37 Jahren schon genügend finanzielle Mittel zu seiner Verfügung, um ein unabhängiges Leben führen zu können. Er wohnte mit seiner Familie, Gattin Emily und den Söhnen John und Bert, in San Diego, Kalifornien. John, der Erstgeborene war ein netter, gesunder und intelligenter Knabe von elf Jahren, aber er starb überraschend in den frühen Stunden des 1. Septembers 1924. Sein plötzlicher Tod bedeutete für die Familie einen schweren Schock. Die Eltern konnten das Geschehnis kaum fassen. Mr. Remmers, so berichtet er selbst, fand kaum noch Schlaf. Eines Nachts, als er wieder einmal schlaflos im Bett lag, empfand er so etwas wie den Anhauch rhythmischen Atems, der aus nächster Nähe zu kommen schien, wie wenn jemand neben ihm liege. Er schildert es als ganz eigenartiges Gefühl. Er hielt seinen eigenen Atem an, um zu prüfen, ob er sich nicht täusche. Das Atmen ging aber weiter. Dann kam ein mysteriöses, jedoch definitives und beruhigendes Bewußtsein von Johns Anwesenheit über ihn, und er fiel langsam in einen tiefen, erholsamen Schlaf.

Das war Mr. Remmers erste psychische Erfahrung seit dem Ableben seines Sohnes, und sie erweckte in ihm

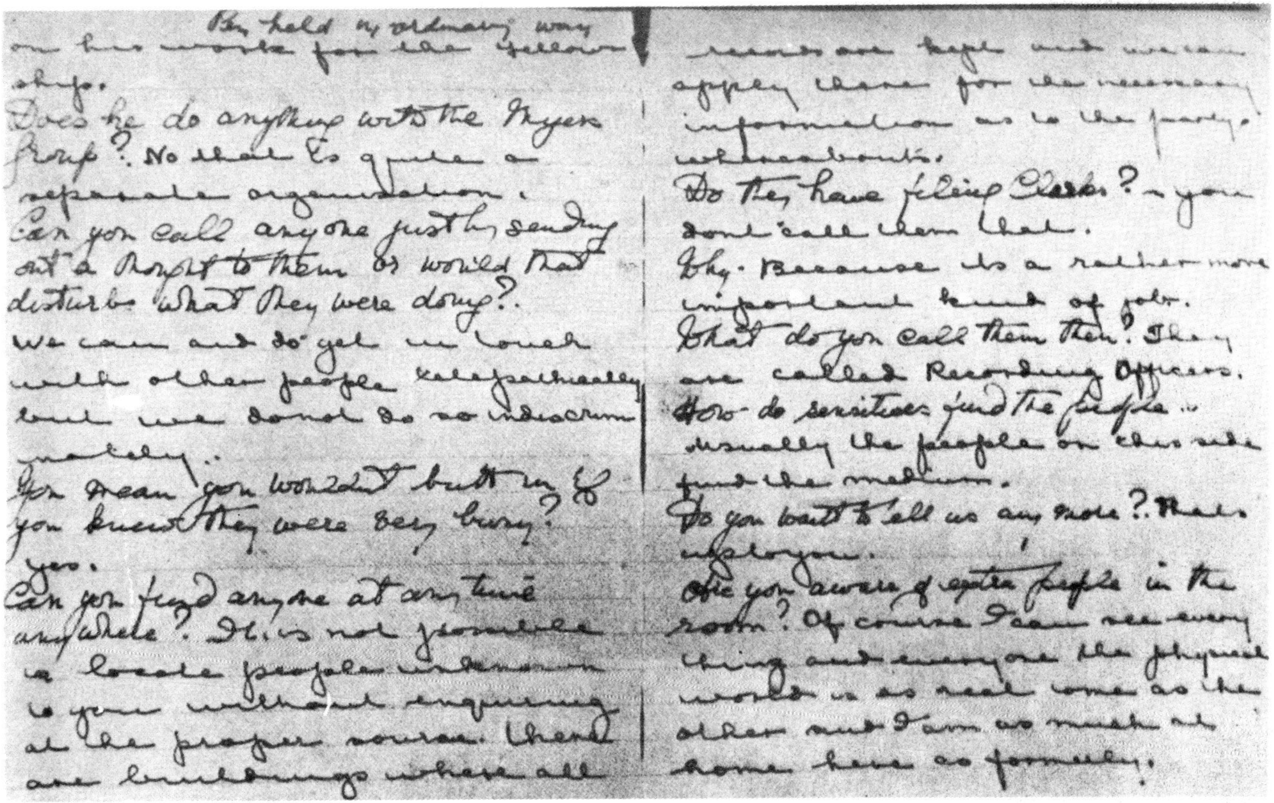

[illegible] held by ordinary way
on his works for the fellow
ship.
Does he do anything with the Myers
group?. No that is quite a
separate organisation.
Can you call anyone just by sending
out a thought to them or would that
disturb what they were doing?.
We can and do get in touch
with other people telepathically
but we do not do so indiscrim
inately.
You mean you wouldn't butt in if
you knew they were very busy?
Yes.
Can you find anyone at any time
anywhere?. It is not possible
to locate people unknown
to you without enquiring
at the proper source. There
are buildings where all

records are kept and we can
apply there for the necessary
information as to the party's
whereabouts.
Do they have filing Clerks? – you
don't call them that.
Why. Because its a rather more
important kind of job.
What do you call them then?. They
are called Recording Officers.
How do sensitives find the people?
Usually the people on this side
find the medium.
Do you want to tell us any more?. Thanks
[illegible]
Are you aware of extra people in the
room?. Of course I can see every
thing and everyone the physical
world is as real a one as the
other and I am as much at
home here as formerly.

Dialog aus Miss Roshers Notizbuch

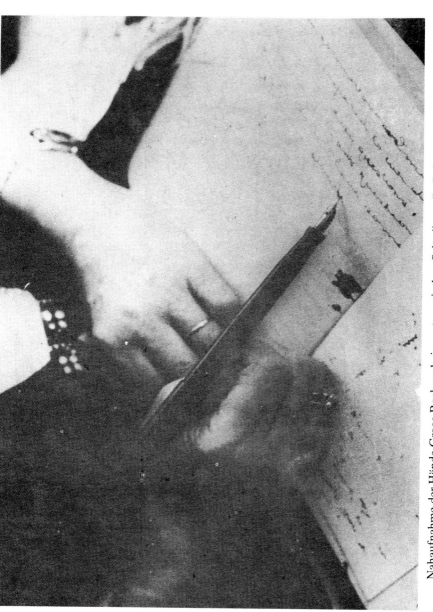

Nahaufnahme der Hände Grace Roshers beim automatischen Schreiben; die Feder wird nicht gehalten, sie liegt frei auf der Hand

Oben: Auszug eines Briefes von Gordon Burdick, den er während seines Lebens geschrieben hat.

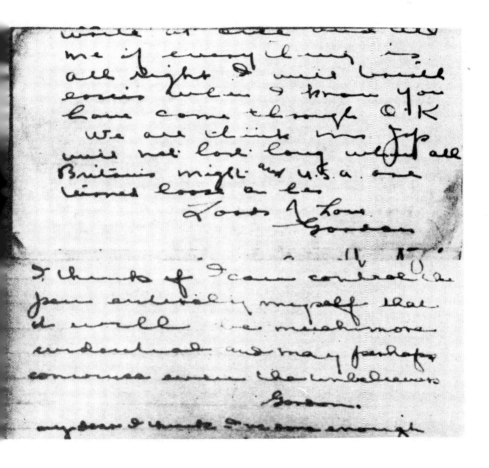

Unten: Durch automatische Schrift erhaltene Mitteilung lange nach Gordon Burdicks Tod.

I was resting after August 10th
lunch. 3 P.M

yes I know, yes
I have to tell you
that we are to give
help to those people
who have lost their
sons.

How? when you
are able to send
them a message
I will give you
news.

Are they alright? yes they
are being taken
care of and are all
in the same place
with their mothers
and the crew so
they will not feel
too strange.

Were you sent to help?
Yes I was asked

Fragen und Mitteilungen über einen Flugzeugabsturz in Norwegen.
Die Fragen sind in der Handschrift von Grace Rosher, die Antworten, empfangen durch automatische Schrift, in derjenigen von Gordon Burdick.

den nicht mehr unterdrückbaren Wunsch, die Frage des Weiterlebens zu erforschen, um endlich Klarheit darüber zu erhalten, ob es ein ewiges Leben gebe oder nicht.

Etwa eine Woche später, als die Eltern mit dem damals $7^1/_2$jährigen Bert den Weg zum Hauseingang entlang gingen, rief der Knabe plötzlich freudig: »Dort ist Johnnie! Dort ist Johnnie!« Die verblüfften Eltern fragten »Wo?« Bert zeigte zur Haustüre und antwortete erregt: »Dort! Dort! Könnt ihr ihn nicht sehen?« Dann, nach einer kurzen Pause: »Er ist ins Haus gegangen, einfach durch die Türe hindurch.«

Mr. Remmers und Emily waren sprachlos, doch sie beruhigten sich wieder, denn mehrere Wochen lang geschah nichts Außerordentliches mehr. Bert allerdings behauptete, und zwar mit Nachdruck, er habe oft mit seinem Bruder zusammen gespielt, und es schien, als ob sich für ihn gegenüber Johns Lebzeiten nichts geändert hätte. Er entwickelte eine Vorliebe für ein »neues Spiel«. Die Eltern mußten ihm irgendeinen Gegenstand irgendwohin verstecken, im Haus oder außerhalb, worauf Bert mit großem Vergnügen und ohne Zögern hinging und ihn zurückbrachte. Er versagte nie! Es war wirklich erstaunlich. Auf die Frage, woher er immer wisse, wo etwas und auch was versteckt worden sei, antwortete er stets: »Johnnie zeigt es mir.«

Eines Tages sah Emily Remmers in der Zeitung das Inserat einer Hellseherin, das ihr Eindruck machte. Sie wollte diese Dame aufsuchen. Mr. Remmers hingegen war wenig begeistert, aber, um ihre Bitte nicht abzuschlagen, ging er mit. Die Hellseherin erwies sich als eine nette kleine Person, die in einem einfachen Hause in einer schönen Umgebung wohnte. Emily hatte ihr nur gesagt, sie käme mit ihrem Gatten für eine Sitzung, nicht mehr. Die Namen blieben ihr unbekannt. Die Frau brachte den Besuch in ihr kleines Wohnzimmer. Mr. Remmers blickte im Zimmer herum, konnte aber nichts Verdächtiges entdecken.

Die Hellseherin bot ihnen bequehme Stühle an und nach einigen Bemerkungen sagte sie, sie wolle nun versuchen, Kontakt durch Hellsehen oder Hellhören zu erstellen. Dann legte sie sich in ihren Stuhl und schloß die Augen. Als nun alle still dasaßen, gingen Mr. Remmers kritische Überlegungen durch den Kopf. »Warum«, fragte er sich, »sollen wir dieser fremden Person Geld bezahlen, um mit unserem Sohn in Kontakt zu kommen?« Trotz der angenehmen Umgebung war ihm die ganze Angelegenheit innerlich zuwider. Da — nach einigen Minuten Ruhe — öffnete das Medium die Augen wieder und sagte zu ihm in freundlichem Ton: »Mein Herr, Sie sind zu skeptisch. Wenn Sie Ihre geistige Einstellung nicht ändern können, ist es mir unmöglich, Ihnen zu helfen.«

Herr Remmers blieb die Antwort schuldig. Nach einer kleinen Weile stand die Dame auf, wählte ein Buch aus ihrer Bibliothek und gab es ihm mit der höflichen Bitte, er möchte sich im Nebenzimmer in dessen Inhalt vertiefen. Indem er das tue, erklärte sie ihm, würden seine Gedanken nicht mehr störend wirken, und dann wolle sie versuchen, für seine Frau, die toleranter sei, Kontakt herzustellen.

Unbeeindruckt nahm er das Buch und ging ins Nebenzimmer. Er schaute den Titel nicht einmal an und öffnete es aufs Geratewohl. Dann hörte er das Medium leise reden. Sie sagte zu Emily, sie fühle die Gegenwart eines Knaben, der kürzlich in ein neues Leben übergegangen sei. Sie gab eine gute Beschreibung seines Aussehens, machte aber einen Fehler von mehreren Jahren, als sie sein Alter nannte.

Sie sagte, sein Übergang sei eher plötzlich erfolgt (richtig) und daß er an einer Krankheit im Hals gelitten habe (richtig). Sie sagte ferner, er habe den Namen »Bert«, seines Bruders, ausgesprochen (richtig) und gesagt, daß er mit ihm in Kontakt gewesen sei (sehr gut). Dann machte sie Angaben über abgeschiedene Glieder beider Familien, Emilys und der seinigen, die ebenfalls stimmten.

Das Resultat dieser Sitzung veranlaßte Mr. Remmers, Literatur psychischer Forscher und den Spiritismus zu studieren. In seinem Buch meint er, das sei der weiseste Weg gewesen, den er damals habe einschlagen können, und er empfiehlt jedem, der ähnliche Forschungsarbeit beginnen will, das gleiche zu tun.

Die Familie versuchte dann, einen eigenen Zirkel, bestehend aus den beiden Eltern, Bert und Helen (ein Waisenkind, das bei ihnen Aufnahme gefunden hatte) zu bilden und psychisch-physische Phänomene zu erzeugen. Es gelang ihnen aber nur, Tischbewegungen hervorzurufen, und das befriedigte sie nicht, denn es konnte nicht als durch abgeschiedene Seelen hervorgerufen betrachtet werden. Im Januar 1925 war ihre Enttäuschung so groß, daß sie die Kinder mit diesen Versuchen nicht mehr belästigten. Sie hatten bei dem raschen Durcharbeiten der Lektüre übersehen, daß meistens noch eine längere Zeit der Vorbereitung und Organisation notwendig ist, bevor ein intelligenter und objektiver Kontakt möglich wird.

Eines Abends, Ende Januar, gerade als die beiden Eltern ihr Unvermögen, Phänomene zu erzeugen, diskutierten, wurden sie plötzlich durch drei klare Klopflaute aus dem Tisch überrascht. Da weder er noch sie in Berührung mit dem Tisch gekommen waren, blieb als Erklärung nur, daß es sich um eine echte Manifestation gehandelt hatte. Am Abend des gleichen Tages, nachdem sie sich ins Schlafzimmer zurückgezogen hatten, fielen harte Schläge auf die Bettlade, und als sie zurückfragten, ob sie von John kämen, kam die Antwort sofort und bejahend. Damit war eine große Hoffnung endlich in Erfüllung gegangen, und die Eltern empfanden große Freude. Es war der Anfang zu einer Reihe erstaunlicher Phänomene.

Mitte März des gleichen Jahres hatten die Experimente einen Punkt erreicht, an dem es nicht mehr nötig war, den Tisch zu berühren. Er bewegte sich von selbst, und es klopfte, wo immer es gewünscht wurde.

Man verabredete einen Code, und auf diese Weise wurden täglich eine Stunde oder länger Gespräche gepflogen. Diese physischen Manifestationen nahmen an Kraft ständig zu, und sie gelangen auch bei vollem Tageslicht. Die Tischklappen bewegten sich auf und ab ohne Berührung. Falls ein Stuhl unter dem Tisch stand, sprang er auf Geheiß von Mr. Remmers hervor, ebenfalls bei vollem Tageslicht.

Bei diesen starken physischen Manifestationen fühlte Mr. Remmers deutlich, daß Energie seinen Körper durch die Fingerspitzen und Zehen verließ. Er konnte keine Worte finden, um den Vorgang zu beschreiben, aber es handelte sich um eine entschiedene Empfindung, daß etwas von höchster Vitalität aus dem Körper austrat.

Eines Abends, als alle im Wohnzimmer beisammen saßen, schaute Bert plötzlich von seinen Spielsachen auf und sagte zu seiner Mutter, er habe soeben mit John gesprochen. John habe erklärt, wenn ein Bleistift mit Papier unter das Tischtuch im Wohnzimmer gelegt würde, so werde er versuchen, während der Nacht darauf zu schreiben. Emily versprach es zu tun, aber anstatt die Utensilien unter die Tischdecke zu legen, wählte sie dafür ein kleines Regal, das hinter dem Divan stand. Schon früh am nächsten Morgen ging sie direkt zum Versteck, und zu ihrem Erstaunen und ihrer Freude fand sie das Wort »Mama« mitten auf dem Papier geschrieben. Bei einem Vergleich mit Johns Handschrift war die Ähnlichkeit augenfällig.

Obwohl ein markanter Unterschied zwischen den Handschriften der beiden Brüder bestand, wollte Mr. Remmers doch noch einen weiteren Test unternehmen, der vollständig ausschloß, daß Bert oder Helen die Hand im Spiele haben könnten. Er legte ohne deren Wissen Bleistift und Papier auf einen 180 cm hohen Schrank. Um dort etwas zu schreiben, hätte ein Kind auf eine Leiter oder die Lehne eines Stuhles steigen müssen, und vorsichtshalber wurden die Stühle ziemlich weit weggetragen. Am folgenden Morgen stand Remmers früh auf — und wiederum war »Mama« mitten auf das Papier geschrieben, diesmal aber besser lesbar und ohne Zweifel in allen Eigenheiten Johns Handschrift, so daß Bert und Helen als Urheber ganz außer Betracht kamen.

Das persönliche Erleben geistiger Phänomene weckte in den Remmers den Wunsch, weiteren spiritistischen Sitzungen beizuwohnen, und sie hatten Gelegenheit, bei einer sogenannten »*Direct Voice Seance*« (Sitzung mit direkter Stimme), bei der die tatsächliche Stimme der sich manifestierenden Person zu hören ist, anwesend zu sein. Das Medium hieß Susan Bartlett. Obwohl dem Medium auch in diesem Fall nicht einmal ihre Namen genannt wurden, manifestierten sich sieben ihrer Angehörigen, deren Identität durch Nennung ihrer Namen und Schilderung vieler Geschehnisse höchst persönlicher Art einwandfrei festgestellt werden konnte. Natürlich aber warteten sie ungeduldig auf die Manifestation ihres Sohnes John. Als ob aber der Kontrollgeist das gemerkt hätte, erläuterte er, daß die

Spannung, sowohl bei den Eltern als auch bei John, die Materialisation der ätherischen Stimme erschwere. Nach ungefähr zwanzig Minuten, in denen andere Séance-Teilnehmer Stimmen ihrer Angehörigen empfangen konnten, war die Spannung weitgehend gewichen. Da bewegte sich das Megaphon wieder in Richtung auf Johns Eltern, und die etwas aufgeregte Stimme Johns wurde deutlich hörbar. Er versicherte, daß er lebe und bei allen parapsychologischen Geschehnissen in ihrem Heim anwesend sei. Die ganze Erscheinung entsprach genau Johns typischem Verhalten, aber seine definitive Identifizierung wurde darüber hinaus durch ein Experiment seiner Mutter erreicht:

»John«, fragte sie mit ruhiger Stimme, »kannst Du mir etwas über einen Gegenstand sagen, der von Papa getragen wird?« Es folgte eine kurze Pause und dann fragte er: »Meinst Du wegen der Krawattennadel?« Die Mutter bejahte. »Gewiß«, fuhr er fort, »sie ist aus einem Stück Holz hergestellt, das ich im versteinerten Wald auf unserer Reise nach Florida gefunden hatte.«

»Florida?« fragte die Mutter.

»Nein, ich wollte sagen, Kalifornien. Ich gab es s. Zt. Tante Bibee. Sie ließ daraus eine Krawattennadel machen.« Nach einer kurzen Pause fuhr er fort: »Sie schickte sie gestern ab, und Papa erhielt sie heute.«

Nachdem er das gesagt hatte, fiel das Megaphon zu Boden und der Kontrollgeist erklärte, die Kraft sei erschöpft.

Damit wollen wir den Fall Remmers beiseite legen und nur noch einen, vielleicht den wichtigsten, auf alle Fälle den allerneuesten, behandeln, nämlich denjenigen von

Bischof James A. Pike

Das im Sommer 1969 erschienene Buch »The Other Side«[35]), worin der hohe Geistliche mit anerkennenswerter Offenheit die Geschichte seines Sohnes Jim erzählt, der unter unglücklichen Umständen aus seinem Erdenleben schied, sich aber nachher auf verschiedene Arten aus dem Jenseits bemerkbar machte, bis der Vater schließlich durch ein Medium mit ihm in Kontakt treten konnte, dieses Buch ist nicht nur vom parapsychologischen und spiritistischen Standpunkt aus hochinteressant, sondern es gewinnt durch den Umstand, daß es sich um eine hohe geistliche Persönlichkeit handelt, noch besonderen Wert. Die sich abrollenden Erlebnisse konnten dem Bischof in seiner Stellung kaum willkommen gewesen sein. Die Tatsache aber, daß er sie doch veröffentlichte, zeugt von seiner geistigen Integrität. In ganz gedrängter Form gibt Folgendes einen Überblick über die Geschehnisse:

James Pike war ursprünglich Advokat, aber er gab diesen Beruf auf und wurde verhältnismäßig spät ein Priester der anglikanischen Episkopalkirche, wo er sehr rasch zum fünften Bischof von Kalifornien aufstieg. Er galt als ein »Modernist«, und viele seiner Bruderbischöfe konnten sich mit seinen modernen Ideen und seinen Vorschlägen der Anpassung der Kirche an die neuen Erkenntnisse der Wissenschaft nicht befreunden. Er war verheiratet, und sein ältester Sohn Jim, der sich in der menschlichen Gesellschaft nicht zurecht finden konnte und den Eltern viel Sorgen bereitete, nahm sich in einem Hotelzimmer in New York City am 4. Februar 1966 das Leben. Die letzten $4^1/_2$ Monate seines Lebens hatte Jim zusammen mit seinem Vater in Cambridge (England) verbracht, und dabei kamen sich die beiden seelisch sehr nahe und wurden intime Freunde. Der Sohn öffnete dem Vater sein Herz, er vertraute ihm an, der Sucht nach verbotenen Betäubungsmitteln, d. h. Rauschgiften wie LSD, Haschisch usw. erlegen zu sein, die, ähnlich dem Meskalin, eine »Erweiterung des Bewußtseins«, d. h. halluzinatorische Träume, verursachen. Eines Abends, nach Genuß derartiger Mittel, kam er sogar in das Büro seines Vaters gestürmt. Er befand sich offenbar inmitten eines furchtbaren Erlebnisses und suchte irgendwie Zuflucht bei ihm.

»Ich habe eine große Kolonne gesehen«, sagte er, »eine riesige Kolonne... Die Kolonne ist alles, was ist. Ich werde in die Kolonne hineingezogen... Es gibt keinen Unterschied zwischen uns... nur ich und die Kolonne... nur die Kolonne... nur ich... Nun fühle ich mich sinken... ich falle durch die Kolonne... oh Gott... alles ist schwarz, leer, hohl... Gott... ich falle, nichts ist unter mir... nichts... ich falle ins Nichts...

Dunkelheit... nichts zum anpacken... nichts, um mich zu halten... rette mich! rette mich!!... was kann mich retten... ich falle... ins Nichts...«

Der Vater nahm die Hand seines Sohnes und rief: »Jim — Jim — Jim, ich bin hier!« Er schien ihn zu hören, aber der Rausch dauerte an. »Jim, komm mit mir ins Wohnzimmer, um wieder Kontakt mit...« — er wollte sagen »mit der Wirklichkeit zu erlangen«, aber er wußte, daß in diesem Zustand das Traumerlebnis die Wirklichkeit war.

Er führte ihn ins Wohnzimmer. »Komm, setze Dich!«

Lange Zeit saß Jim wie vom Schrecken hypnotisiert da und starrte ins Leere. Dann plötzlich rief er: »Mein Gott, ich sehe Licht! Ganz oben ist Licht! Vater — Licht!!... Ich werde durch die Kolonne nach oben gezogen, durch die Kolonne, und doch bin ich die Kolonne!... aufwärts... aufwärts nach dem Licht!... Vater, Vater, das ist die Erlösung!... das ist...«

Dann hörte er auf zu reden. Auf einen Notizblock schrieb er: »Hindu Rettungs-Kolonne«. Hierauf erklärte er: »Ich darf das nicht vergessen. Hindu-Rettungs-Kolonne, das ist, was das Licht bedeutet. Ich bin gerettet. Oh Gott sei Dank, ich bin gerettet!«

Der Bischof versuchte, seinen Sohn in andere Bahnen zu lenken und seinen Anschauungen eine andere Richtung zu geben, und sie redeten oft lange über die Probleme des Lebens. So enthüllte Jim seinem Vater, daß er so gerne ein anderer Mensch wäre, der seine Mitmenschen liebt und umsorgt, »aber«, so sagte er mit tiefer Enttäuschung, »Du weißt, man kann auf diese Weise nicht lieben. Man darf nicht weich sein, sonst wird man von der Gesellschaft zerbrochen. Niemand kümmert sich heute darum, wer du bist oder wie du bist. Die Leute trampeln über dich hinweg, machen von dir Gebrauch, geben dir eine Nummer und vergessen dich! Du bist ihnen ganz gleichgültig. Warum soll man sich um sie sorgen?«

Dem Vater blieb das Gefühl der Verzweiflung, das hinter den scheinbar zynischen Worten steckte, nicht verborgen. »Nicht jeder ist so, Jim«, warf er ein, und — mit etwas weniger Überzeugung —: »Die meisten Leute sind nicht so.«

»Oh Vater, Du kannst das sagen, aber Du weißt, daß es nicht stimmt. Die Leute der Kirchen sind ärmer an Liebe als irgend jemand. Sag mir nicht, daß es nicht so ist. Ich habe es gesehen, Vater«, sagte er mit Nachdruck, »Du wirst nicht sagen wollen, daß sich irgend jemand um die Bewohner von Hunters Point (ein Slum- und Negerviertel von San Franzisko) sorgt. Und in unseren Schulen — glaubst Du, daß sich irgend jemand darum kümmert, wer ich bin? Du weißt, sie tun es nicht! Das ist ihnen ganz gleichgültig!«

Er gab Beispiel nach Beispiel, und der Vater fühlte, daß die Überzeugung seines Sohnes durch keine Gegenargumente eine Änderung erfahren würde, und so lenkte er die Diskussion in eine andere Richtung. »Aber Jim, wenn die Dinge so liegen, so heißt das doch nicht, daß Du auch so sein mußt. Wenn Du wie die andern bist, so verewigt sich das Problem nur. Du hast doch die Wahl, anders zu sein.«

»Ja, wie in ‚Haight' (der Haight-Ashbury Distrikt, wo Jim zusammen mit einem anderen Studenten eine kleine Wohnung gemietet hatte und in die Gesellschaft von Rauschgift-Süchtigen geriet). Aber Du hast mir ja selber gesagt, daß das nur eine Art Entrinnen, ein sich vor der Realität drücken sei. Sag mir, warum man sie ‚die von der Gesellschaft Abgeschriebenen' nennt? Doch sie wissen, wie man liebt und für andere sorgt«, fuhr er fort, »und ich lebe gerne auf diese Art, Hippies teilen alles, was sie haben, mit einem. Sie würden stundenlang über deine Probleme reden. Sie nehmen dich in ihren Kreis auf. Sie akzeptieren dich als das, was du bist. Sie sind menschlich. Sie wissen, wie man liebt. Aber — wieviele Hippies gibt es?«

Seine Frage enthüllte seine seelische Not. Jim fühlte sich stets als ein Versager, als einer, der in dieser Welt nichts taugt und verloren ist. Alle Aufmunterung nützte nichts. Dennoch brachten diese offenen Aussprachen die beiden immer näher zueinander, und obwohl dunkle Schatten Jims Zukunft verdüsterten, empfanden beide jene Tage in Cambridge durch gegenseitige Liebe, Offenheit und aufrichtiges Vertrauen erhellt.

Bischof Pike mußte dann nach San Franzisko zu einer kirchlichen Konferenz reisen, und Jim stand vor der Frage, ob er das Semester in Cambridge beenden oder gleichzeitig mit seinem Vater nach den USA zurückkehren solle, um dort sein Studium an der bisherigen

Universität weiterzuführen; er entschloß sich für das letztere. Er wollte aber auf dem Weg in New York noch Freunde besuchen, und so flogen sie, Vater und Sohn, gleichzeitig, aber in verschiedenen Flugzeugen von London ab, Jim nach New York und der Vater nach San Franzisko. In New York geschah dann Jims Tragödie. Es war notwendig, diese enorm gekürzte Schilderung des Verhältnisses zwischen Vater und Sohn einzuschalten, um verständlich zu machen, was im Anschluß an Jims Selbstmord geschah. Bischof Pike kehrte — allerdings mit Verspätung — wieder nach Cambridge zurück, und zwar mit dem Priester David Baar und seiner Sekretärin Mrs. Maren Bergrud, die ihn nach Amerika begleitet hatten und beide in seiner Cambridger Wohnung logierten. Eines Morgens nun, etwa 14 Tage nach Jims Tod, als sie sich zum Frühstück trafen, sagte David zu Maren: »Was ist denn Ihnen passiert? Ein Teil Ihrer Haarfransen sind ja abgebrannt!« Maren war ebenso erstaunt, denn sie hatte nichts bemerkt. Die Haare, die sonst über die Stirne herunter fielen, waren etwa zu einem Drittel weggebrannt. Man sah genau die versengten Enden, aber die Stirnhaut zeigte keine Brandspuren. Das gleiche geschah auch an den zwei folgenden Tagen. Man war verblüfft und fragte sich, was das zu bedeuten habe. Maren zuckte schließlich die Achseln und sagte scherzhaft, sie kenne jemanden, dem das Verschwinden ihrer Stirnfransen Freude machen könnte, sie meinte Jim, der ihr einst geraten habe, sie abzuschneiden!

Als in jenen Tagen alle drei von einer Reise nach London zurückkehrten, fanden sie am Boden zwischen den Betten in Bischof Pikes Schlafzimmer zwei Postkarten, die mit ihren äußeren Kanten einen Winkel von 140 Grad bildeten. Niemand hatte sie hingelegt, niemand außer der Putzfrau besaß einen Schlüssel zur Wohnung, und sie versicherte dem Bischof, die Karten weder hingelegt noch überhaupt dort gesehen zu haben. Die ganze Angelegenheit war zwar an sich unwichtig, aber sie erinnerte den Vater doch an seinen verstorbenen Sohn Jim, der immer viele Postkarten kaufte, sie aber selten an die Freunde, für die sie bestimmt waren, absandte.

Am darauf folgenden Tag, nachdem die Wohnung mit Bedacht gut verschlossen worden war und auch die Putzfrau ihren freien Tag hatte, lagen bei der Rückkehr der drei Bewohner zwei Bücher am genau gleichen Ort und in genau derselben Lage zwischen den Betten, und ihre Kanten bildeten ebenfalls einen Winkel von 140 Grad! In einem dieser Bücher fand sich eine Postkarte der Kathedrale von Petersborough eingeklebt, welche vorher zusammen mit drei anderen Postkarten auf einem Kasten gelegen hatte.

Wie nun die drei dastanden und sich über die eigenartige Verlegung der Bücher und das Einkleben der Postkarte wunderten, rief Maren plötzlich aus: »Wo sind die Kamel-Bilder hingekommen?« Alle Augen richteten sich auf den Spiegel, in dessen Rahmen sie seit langem eingesteckt waren, d. h. seit Bischof Pike mit Jim von Israel zurückgekommen war. Niemand hatte sie seither berührt, ja man sah noch, daß die Putzfrau nur darum herum gereinigt hatte, ohne die Fotos wegzunehmen. Plötzlich bückte sich David und — fischte von der linken Seite des Kastenbodens die Bilder hervor! »Wieso hast Du gerade dort gesucht?« fragte der Bischof, worauf David antwortete, er wisse es nicht, er sei einfach in jene Richtung »gezogen« worden. Auf der linken Seite des Kastens lagen aber noch Wäschestücke, Schreibpapiere und einige Postkarten in völliger Unordnung. Bei den Postkarten handelte es sich nicht um jene, die tags zuvor zwischen den Betten gelegen hatten, sondern um andere, die weder von einem der Anwesenden gekauft noch zuvor gesehen worden waren. Die rechte Seite des Kastens hingegen sah aus, als wäre sie frisch eingeräumt worden.

Der Bischof hatte wohl schon von »Poltergeist« gehört, aber er hatte keine genaue Vorstellung von diesem Phänomen. Immerhin schien er sich zu erinnern, daß der Geist eines Verstorbenen in isolierten Fällen am Ort seiner letzten Wohnstätte gewisse Störungen verursachen konnte, und die Eigenart der Geschehnisse zwang ihn, eine solche Möglichkeit in Betracht zu ziehen. So kam ihm zum erstenmal der Gedanke, all das könnte vielleicht das Werk seines Sohnes Jim sein, der zwar gestorben, aber vielleicht doch noch lebendig war.

Wie der Bischof in Gedanken versunken dastand, verließen David und Maren das Schlafzimmer. Als David das Wohnzimmer betrat, fiel sein Blick zufällig auf Jims Wecker, der seit dessen Abreise unaufgezogen auf dem Büchergestell stand. Er erinnerte sich gut, daß er immer 12.15 Uhr angezeigt hatte, aber jetzt standen die Zeiger plötzlich auf 8.19 Uhr. Er deckte das Zifferblatt zu und rief sowohl den Bischof als auch Maren zu sich. »Sagt mir, welche Zeit zeigte Jims Wecker an, seit er unaufgezogen auf dem Büchergestell stand?«, fragte er. Beide erinnerten sich, daß es zwischen zwölf und ein Uhr war, und als David das Zifferblatt enthüllte, fanden sie keine Worte. Das Uhrwerk ging immer noch nicht, aber die Zeiger standen so, daß sie jetzt den wohlbekannten Winkel von 140 Grad formten, also die Stellung der Postkarten und Bücher, die ein paar Tage früher im Schlafzimmer zwischen den Betten gefunden worden waren.

Was konnte das nur bedeuten? Alle drei spekulierten, und alle drei hegten das eigenartige Gefühl, daß die Phänomene irgendwie mit Jim zusammenhingen. Dann fragten sie sich, ob die Uhr vielleicht die Zeit von Jims Tod anzeige. Nach offiziellen Angaben soll Jim ca. 3 Uhr früh, New Yorker Zeit, gestorben sein, und nach dem Zeitunterschied zwischen New York und London hätte das gerade stimmen können.

Am folgenden Tage, als Bischof Pike nach einer Abendpredigt zum Nachtessen eingeladen war und beim Kaffee saß, da überkam ihn ein dringendes Gefühl, nach der Zeit zu schauen. Seine Augen wanderten, ohne zu suchen, nach dem großen Zifferblatt der Standuhr, deren Zeiger wiederum auf 8.19 Uhr standen! Es traf ihn wie ein Schlag. Die Zeit 8.19 Uhr wurde von nun an wie zum Symbol von Jims Anwesenheit.

Weitere physische Phänomene passierten. Frische Milch wurde sauer, obwohl sie kühl stand und aus vier verschiedenen Flaschen stammte. Möbel wechselten den Standort ohne menschliches Zutun, Bücher wurden verlegt, Fenster geöffnet, Sicherheitsnadeln lagen offen und verstreut auf dem Boden. Einmal sahen die Beteiligten sogar, wie eine silberne Toilettentisch-Garnitur sich von selbst bewegte und in Marens Hand fiel.

Da fast alles in irgendeiner Beziehung zu Jim stand, befaßte sich der Vater ernstlich mit dem Gedanken, ein Medium zu befragen, um zu sehen, ob sich die Phänomene aufklären ließen. Durch die »Churches' Fellowship for Psychical and Spiritual Studies« in London erhielt er die Adresse eines guten Mediums und vereinbarte eine Séance mit Mrs. Ena Twigg in East Acton. Canon Pearce-Higgins riet ihm, dem Medium keine Mitteilungen über seine Person, seine Familie und vor allem nicht über Jim zu machen. Auf diese Weise könnte man mit Sicherheit annehmen, daß das, was durch das Medium geäußert würde, auch wirklich Geistbotschaften wären.

Bischof Pike hatte David und Maren eingeladen, ihn zu begleiten und als sie von Mrs. Twigg an der Haustüre empfangen wurden, empfand er etwas wie eine unsichtbare Gegenwart Jims. Man bat die Gäste in einem Wohnzimmer Platz zu nehmen, und Mrs. Twigg eröffnete das Gespräch mit mehr oder weniger belanglosen Fragen, die einfach dazu dienen sollten, sich kennen zu lernen. Mrs. Twigg war eine etwa vierzigjährige Dame, die wie eine nette englische Hausfrau aussah, und ihre Stimme klang freundlich und warm. Nach einer Weile führte sie die Besucher in ein anderes Zimmer, das ebenfalls hell und wohnlich war, und Bischof Pike empfand große Genugtuung darüber, daß sich die Séance offenbar nicht in einem verdunkelten Raum mit schwachem rotem Licht abspielen werde, wie er es befürchtet hatte. Mrs. Twigg fragte den Bischof, ob er ihr einen Gegenstand seines Sohnes leihen könne, und er gab ihr den Original-Paß, den Jim in Cambridge zurückgelassen hatte.

Alle schwiegen nun. Nach einigen Minuten machte Mrs. Twigg einige Gebärden, so als ob sie Unbehagen empfände. Dann sagte sie: »Er ist hier, aber er hat Schwierigkeiten durchzukommen.« Ihre Augen waren nicht geschlossen, und ihr Gesicht zeigte keine merkliche Veränderung. Dann fuhr sie fort: »Er war normalerweise ein aufgeweckter, glücklicher Knabe.« Hierauf ging sie plötzlich in die erste Person über, wie wenn jemand durch sie sprechen würde. »Ich habe die Prüfung nicht bestanden. Ich kann Dir nicht ins Antlitz schauen. Ich bin verwirrt. Mein Gott, ich wußte nicht, was ich tat. Aber als ich hierher kam, sah ich, daß ich nicht so untauglich bin, wie ich glaubte. Meine Nerven hatten versagt.«

»Ich bin hier nicht im Fegefeuer — aber in so etwas

wie einer Hölle. Trotzdem macht mir hier niemand Vorwürfe... Ich kam in Dein Zimmer, Papa, verstellte Bücher, klopfte an Deine Tür, ich stand an Deinem Bett, und Du träumtest von mir (dies steht im Buch, wurde aber hier wegen Platzmangel nicht erwähnt)... Ich liebe Dich, Papa! Ich liebe Dich sehr, ohne die Möglichkeit zu haben, Dir diese Liebe zu geben... Ich bin hier an meine Reue gebunden. Man zeigt mir aber einen Ausweg, und wir müssen zusammen Fortschritte machen. Ich muß auf meine und Du auf Deine Art leben.«

Später kamen noch folgende Worte durch: »Ich war so unglücklich, weil ich keine Stimme hatte, und ich mußte einen Weg suchen, um mit Dir zu reden. Ich kann nicht an einen Gott als eine Person glauben, aber an die Ewigkeit glaube ich heute.«

Nach vielen weiteren Mitteilungen stellte Bischof Pike auch einige Fragen an Jim, und eine davon war: »Sag, Jim, wie stehen die Dinge in Deiner neuen Lage: Bist Du... allein, oder...?«

»Ich habe viele Leute um mich, und viele helfende Hände«, antwortete es durch Mrs. Twigg — und nach einer kurzen Pause: »Ich war so unglücklich, bis ich mit Dir in Kontakt kommen konnte.«

Darauf sprach Mrs. Twigg ohne jeden Zweifel wieder für sich selber. »Jemand mit einem fremden Akzent — ich glaube ein Deutscher — spricht jetzt. Halt!... Paul — ja ein Paul ist hier. Er sagt: ‚Mache Dir keine Sorgen um den Jungen. Er ist bei uns in guter Hut und von unserer Liebe umgeben.' Und er beauftragt mich, Ihnen, Herr Bischof, zu sagen, Sie sollen ein Rebell mit einer Zielsetzung sein, denn ein Rebell ohne Zielsetzung sei ohne Wirkung. Er sagt, er arbeite immer noch, und nichts werde seinen Glauben zerstören. Er sendet Ihnen Grüße, und er fühle sich immer noch in Freundschaft verbunden. Er sagt: ‚Vielen Dank, daß Du Dein neues Buch mir gewidmet hast.'«

Diese Mitteilung versetzte Bischof Pike wirklich in Erstaunen, denn es traf zu, daß er sein Buch »What Is This Treasure?« einem verstorbenen Freund mit einem deutschen Akzent (zusammen mit Bischof Robinson) gewidmet hatte. Auf der ersten Seite jenes Buches steht folgende Widmung:

An
PAUL TILLICH
hauptsächlichster Ratgeber und viel vermißter,
lieber Freund
und
JOHN A. T. ROBINSON
guter Freund und Geisteskollege
auf unseren Wegen.

Prof. *Tillich*, der während des vergangenen Winters gestorben war, hatte Bischof *Pike* und Jim sehr gut gekannt. Diese Mitteilung schien wirklich bedeutungsvoll zu sein, denn es ließ sich kaum denken, daß das Medium von dieser Bekanntschaft und von der Widmung in seinem Buch Kenntnis haben konnte, weil laut Angabe der

Verleger das Buch »What Is This Treasure?« damals kaum aus der Druckerei gekommen war.

Am Schluß dieser Sitzung sagte Jim noch, es werde jetzt keine Störungen und Versetzungen von Gegenständen mehr geben, und tatsächlich hörten sie auf — wenigstens für lange Zeit.

Da Mrs. Twigg kein Medium für »direkte Stimme« ist, erwies es sich natürlich als unmöglich, selber zu beurteilen, ob die vom Medium gehörten Stimmen tatsächlich jene von Jim und Paul Tillich waren. Aber die von ihr gebrauchten Worte und Ausdrücke paßten ganz auf die von Jim bei Lebzeiten geführte Sprache.

Etwa einen Monat später, d. h. gerade vor seiner Abreise nach den USA, entschied sich Bischof Pike, noch einmal um eine Sitzung mit Mrs. Twigg zu bitten. Diesmal versetzte sie sich in Trance, und alle Mitteilungen kamen in der ersten Person durch. Wichtig für uns sind höchstens a) eine Voraussage, daß Bischof Pike seinen kirchlichen Posten bald verlassen werde, um seine Studien fortzusetzen, (was auch eintraf), b) daß Jim sich im August wieder melden werde, (was ebenfalls geschah) und c) Jims Antwort auf die Frage seines Vaters, wo er in den USA ein Medium finden könne. Jim mußte zuerst jemanden fragen, dann kam er zurück und gab seinem Vater die gewünschte Auskunft. Da Mrs. Twigg sich in dieser Sitzung in Trance befand, also von all diesen Äußerungen nichts wußte, konnte sie nicht die Urheberin der Antworten oder die Geberin der Adresse gewesen sein.

Im großen und ganzen vermittelte diese Sitzung den Eindruck, daß Jim jetzt in besserer Verfassung sei als bei der ersten Kontaktnahme. Er sagte z. B. »Ich fühle mich jetzt mehr zu Hause und mehr entspannt.« Auf die Frage des Vaters, ob er neue Erkenntnisse gewonnen habe, antwortete er: »Ja, ich fühle jetzt, daß es ein ‚Etwas' gibt. Es leuchtet mir langsam ein, daß Jemand das Nötige tut, damit die Dinge zusammenhängen und sich entwickeln.«

Bischof *Pike* reiste dann in die Vereinigten Staaten zurück, um seine Arbeit wieder aufzunehmen, und Anfang August empfand er den Wunsch, wieder einmal mit Jim in Verbindung zu treten, um zu sehen, wie es ihm jetzt gehe. Er besaß immer noch die ihm gegebene Adresse, und eines Tages nahm er das Telefon und verlangte George Daisley.

»Hier ist James Pike«, sagte er, als George Daisley den Hörer abnahm. »Man hat mir gesagt, Sie seien in Verbindung mit der ‚Spiritual Frontier-Gruppe'.«

»Oh — Bischof Pike!« tönte es von der anderen Seite, »ich bin so froh, daß Sie mich anrufen, denn sonst hätte ich Sie in den nächsten Tagen selber angeläutet. Sehen Sie, ich erwartete Ihren Anruf, denn Ihr Sohn war vor ungefähr zwei Wochen mit mir in Verbindung.«

Mr. Daisley mußte Bischof Pikes Erstaunen an seiner Stimme erkannt haben, denn er wiederholte: »Ja, es war Ihr Sohn. Ganz unvermutet sprach er zu mir und sagte: ‚Ich bin Jim Pike, der Sohn des Bischofs'.«

Bischof Pike war von dem soeben Gehörten ganz

überrumpelt und erinnerte sich an Jims Bemerkung, er werde sich im August wieder melden. Er vereinbarte daher eine Sitzung und bat seine Sekretärin Maren Bergrud, ihn zu begleiten, denn er wollte jemanden bei sich wissen, der Notizen machte.

Vor der Sitzung erläuterte Mr. Daisley seinen Besuchern, daß er hellsichtig sei und den Sohn Jim »sehen« könne, ferner daß er auch hellhörig sei und ihn »hören« könne, wenn er spreche. Dann blickte er auf und sagte zu Bischof Pike: »Jetzt steht Ihr Sohn schon hinter Ihnen, ein wenig links«, und kaum gesagt, redete Jim durch Mr. Daisley zu seinem Vater: »Hallo Papa!« (Jim sagte immer »Papa«, d. h. »Dad«.) Es freut mich mächtig, Dich heute zu sehen...«

Wir wollen uns den vollen Wortlaut dieser Sitzung ersparen und nur erwähnen, was für uns von Bedeutung ist, so z. B. der Umstand, daß Jim offenbar wußte, daß Maren auch gegenwärtig war. Mr. Daisley bezog sich auf sie wie folgt: »Jim sendet Ihnen, Maren, einen Kuß. Er sagt, Sie sehen hübsch aus und Ihr Haar sei besser als früher.«

Bischof Pike fragte sich sofort, woher, wenn nicht durch Jim, Mr. Daisley den eher ungewöhnlichen Vornamen von »Maren« kennen konnte, denn bei der Ankunft wurde ihm die Sekretärin nur als Mrs. Bergrud vorgestellt. Ferner bezog sich der letzte Satz auf Marens Stirnfransen, die Jim unschön gefunden und die er, wie wir uns erinnern, auf paranormale Weise weggebrannt hatte. Am Tage dieser Sitzung aber erschien sie ohne

Stirnfransen. Auch darüber konnte Mr. Daisley keine Kenntnis besitzen.

Die sensationellste Séance fand aber am 3. September 1967 in Toronto am kanadischen Fernsehen statt, zu welcher der Bischof Pike und das berühmte Medium *The Reverend Arthur Ford* geladen waren. Beide wurden von Mr. *Allen Spraggett,* Religions-Editor des »Toronto Star« vor der Fernsehkamera interviewt, und hernach versetzte sich the Rev. Arthur Ford (*Disciples of Christ-Minister)* in Trance, worauf sein Kontrollgeist »Fletcher« Botschaften aus dem Jenseits durch ihn vermittelte und auch Fragen beantwortete.

Mr. Spraggett befragte zuerst das Medium:

Spraggett: »Was ist ein Medium?«

Ford: »Es bedeutet nur, daß ich die geistigen Gaben, die die Kirche am Anfang möglich machten, für andere benützen kann, und ich bin irgendwie in der Lage, gedanklich und geistig zu funktionieren ohne Rücksicht auf meinen Körper. Ich weiß nicht, wie ich es erklären kann.«

Spraggett: »Aber wenn Sie ein Medium sind, heißt das, daß Sie als eine Art Vermittler zwischen den Lebenden und den Toten wirken?«

Ford: »Ja, ich glaube es.«

Spraggett: »Obwohl Sie nicht glauben, daß die sogenannten ‚Toten' auch wirklich tot sind?«

Ford: »Ich glaube nicht, daß sie tot sind. Sie sind nach meiner Ansicht, von stärker vibrierender Lebendigkeit als wir.«

Spraggett: »Wie findet diese Verbindung statt?«

Ford: »Sie kann auf verschiedene Weise stattfinden. In meinem speziellen Fall ist es nötig, daß ich mich in den Zustand einer »Yogi-Trance« versetze, während der ich ganz ohne Bewußtsein bin, und eine andere Persönlichkeit, die sich »Fletcher« nennt, durch mich spricht und behauptet, die Ideen und Gedanken von Leuten zu übermitteln, die sich zu einer speziellen Gruppe oder zu einer speziellen Person hingezogen fühlen, weil sie ihre Hilfe benötigen.«

Spraggett: »Fletscher ist also, mit anderen Worten, eine Art Telefon-Bediener, der durch Sie Mitteilungen übermittelt von Leuten, die gestorben sind?«

Ford: »Das ist richtig. Und in spiritistischen Kreisen wird er als ein ‚Kontrollgeist' bezeichnet.«

Spraggett: »Ah, ich verstehe. Nun, wer ist dieser Fletcher?«

Ford: »Fletcher ist Französisch-Kanadier, der im Ersten Weltkrieg fiel und der seit 1924 durch mich wirkt. Das ist alles, was ich über ihn weiß, außer daß ich seine Familie kenne und sie schon zu jener Zeit kannte, als ich — damals erst fünfjährig — mit Fletcher zusammentraf.«

Spraggett: »Welche Beweise haben Sie, daß diese Persönlichkeit, die sich durch Sie manifestiert, wenn Sie sich in Trance befinden, wirklich der Geist einer verstorbenen Person ist? Woher können Sie wissen, daß es nicht nur ein Ausdruck Ihres eigenen Unbewußten ist?«

Ford: »Na, darüber sind wir nicht ganz sicher, und es gibt viele verschiedene Ansichten; aber wir müssen das nach dem beurteilen, was an nachkontrollierbaren Mitteilungen durchkommt, und ich arbeite mit vielen Leuten, die auf diesem Gebiet über große Erfahrung verfügen, die alles genau untersuchen und den Informationsquellen nachgehen, und diese finden, daß, selbst wenn es mein Unbewußtes wäre, ich niemals die durch mich geäußerten Mitteilungen durchgeben könnte.«

Spraggett: »Mit anderen Worten, wenn Sie sich in Trance versetzen, ist die Stimme, die von Ihrem Munde kommt, nicht Ihre eigene Stimme? Ist es das, was Sie sagen wollen?«

Ford: »Nein, ich glaube es ist meine Stimme, denn

Fletcher ist entkörpert, und wir fragen eine entkörperte —«

Spraggett: »Entkörpert! Meinen Sie außerhalb des Körpers?«

Ford: »Ein Geist, wenn Sie so wollen! Und wenn wir einen Geist dazu anhalten, zurückzukommen, so muß er sich einer Person bedienen, die gewillt ist, sich dafür gebrauchen zu lassen, und so stelle ich meine Stimmbänder zur Verfügung, durch die Fletcher seine Ideen in Worte verwandeln kann. Wenn Sie durch die Bibel und durch die Geschichte blättern und wenn Sie die Geschichte der spiritistischen Phänomene studieren, so werden Sie finden, daß alle Geister oder entkörperten Seelen es immer nötig hatten, Menschen als Instrumente zur Übermittlung ihrer Mitteilungen zu benützen.«

Nach dieser Befragung des Mediums kam Bischof Pike an die Reihe. Mr. Spraggett fragte ihn über seine eigenen spiritistischen Erfahrungen aus (die wir hier nicht wiederholen), und dann ging er bald zum eigentlichen Kernstück des Programmes über, wo sich das Medium in Trance versetzte.

Mr. Spraggett inverviewte den Kontrollgeist Fletcher in ähnlicher Weise, wie er vorher Arthur Ford und Bischof Pike ausgefragt hatte; dann aber kamen die Bilder und Botschaften aus der anderen Welt, die durch die Stimme Arthur Fords vermittelt wurden. So sagte Fletcher z. B.:

»Die erste Person, die kommt, ist jemand — nein, es sind zwei — es sind ein junger Mann und ein älterer Mann. Im Hintergrund sind noch andere Leute, aber der junge Mann scheint außerordentlich glücklich, und ich sehe ihn ganz klar, obwohl ich den Eindruck erhalte, dieser ältere Mann habe ihm geholfen, die Anpassung zu vollziehen. Der Tod verändert eine Person in keiner Weise, außer daß er sie befreit. Er verändert weder den Charakter noch die geistige Einstellung, aber er befreit von Einschränkungen. Dieser junge Mann sagt, daß er vor seinem Übergang verwirrt und geistig unausgeglichen gewesen sei, aber mehr im Sinne von Furcht und Erbitterung. Es scheint, daß ein slavischer Einfluß existiert: vielleicht russisch, polnisch oder so etwas. Ich weiß nicht, was es ist. Auf alle Fälle sagt er, er sei froh, zu seinem Vater sprechen zu können und daß er gelernt habe, daß plötzlich Gestorbene — und sehr oft sei es ein gewaltsamer Tod — noch immer genug von ihrem früheren Leben in ihrem Körper zurückhalten ... so daß sie Dinge tun können, die ihnen später nicht mehr möglich sind.«

Mr. Spraggett fragte darauf Fletcher: »Für wen ist diese Botschaft, Fletcher?« »Sie scheint für den Geistlichen zu sein«, antwortete es durch Arthur Fords Stimme. »Ich erkenne den Namen des Jünglings noch nicht, aber er wird in einem Moment kommen. Was ich habe, ist: Vater und Sohn. Ist das richtig?«

»Ja, das ist richtig, Fletcher«, bestätigte Bischof Pike. Arthur Fords Stimme fuhr dann weiter fort: »Und er spricht von einem slavischen Einfluß. Was kann das heißen?«

»Das ist ebenfalls richtig«, half Bischof Pike nach. »Er ist ein Viertel russisch (Seine Mutter war Halb-Russin). Und, Fletcher, Sie erwähnten einen älteren Mann, der mit ihm war, oder... nach der Beschreibung...«

»Ja, dieser ältere Mann sieht aus,... nein, er sieht nicht wie ein biblischer Charakter aus, aber der biblische Name ist wie ein alter Prophet oder so etwas. Er war sehr alt, als er herüber kam, aber ein geistiger Körper übernimmt die physischen Defekte nicht. Er ist ausgewachsen und vollkommen. Ich würde sagen, er war vielleicht sehr alt, aber ein guter Mann. Und dieser Jüngling scheint ihm sehr nahe zu stehen. Der Junge sagt: ,Ich werde nicht über Dinge sprechen, über die schon früher gesprochen worden ist. Ich könnte vieles sagen, um meine Identität zu beweisen, aber ich werde es nicht im Fernsehen tun.' Und er will, daß Sie sich an das erinnern, was er... und Elia... oder so etwas...«

»Elias«, berichtigte Bischof Pike, »das ist sein Großvater«.

Die Stimme Fords fuhr fort: »Das stimmt, und in ihrem irdischen Leben liebten sie sich sehr.«

»Richtig!« bestätigte Bischof Pike.

Dann flossen die Worte aus Fords Mund weiter: »Sie lieben sich auch hier. Ich würde sagen, der Großvater kam zuerst hierher. Der Jüngling sagt, daß er nicht... er weiß nicht... er kann sich der Umstände seines Todes nicht erinnern. Es geschah auf eine tragische Art, aber er sagt, er wisse jetzt, daß er in einen Gemütszustand falle, von, einem, ich weiß nicht, Zustand, und er kann sich nicht erinnern, wie oder warum, außer daß er weiß, daß er nicht mehr richtig denken konnte, und er war nicht... aber er sagt: ‚Ich will Dir, Papa' — er nennt Sie ‚Papa' — ‚so viel anvertrauen' — der Anfang war jemand, den er Halverston nennt — ich weiß nicht, ist der Name Halverston oder Halbertson?«

Hier fragte Bischof Pike, ob der Mann auf Erden oder im Jenseits sei. Er erinnerte sich an einen Marvin Halverston, aber er hatte seit Jahren nichts mehr von ihm gehört, und er konnte nicht wissen, ob dieser noch lebe oder gestorben war. Arthur Fords Stimme antwortete:

»Dieser Halverston ist jetzt hier. Ich sah ihn hier. Er scheint ungefähr zu gleicher Zeit wie der Jüngling hier eingetroffen zu sein. Erinnern Sie sich an eine solche Person?«

»Ich glaube, ja«, antwortete Bischof Pike, aber er konnte sich der Umstände nicht richtig erinnern, und er wußte nicht, ob Jim Marvin Halverston gekannt hatte.

Fords Stimme fuhr fort: »Warten Sie eine Minute. Wir werden es untersuchen. Ja, sein Name war Marvin, oh, und etwas über moderne Musik in der Kirche.«

»Ja, jetzt erinnere ich mich an die Person«, unterbrach der Bischof, denn plötzlich kam ihm alles wieder in den Sinn.

Nun aber ertönte Mr. Spraggetts Stimme dazwischen: »Hat Halverston Bischof Pikes Sohn auf Erden schon gekannt?«

Die Antwort: »Oh ja, er kannte Bischof Pike, allerdings nicht näher, aber er hatte Dinge im Zusammenhang mit der Kirche oder der Kathedrale zu tun, und er wollte moderne Musik in die Kirche bringen... Das ist, was Jim sagt.«

Das war das erste Mal, daß Jims Name in dieser Séance ganz unauffällig gebraucht wurde. In der Folge aber nannte ihn Fletcher immer »Jim«.

Das Fernsehprogramm war ziemlich lang, und vieles davon könnte hier verwertet werden, aber die Raumknappheit gebietet, nur noch ein Identitätsbeispiel anzuführen und sich damit zu begnügen:

Die Botschaft kam etwas mühevoll durch und mehrere Rückfragen waren nötig, um sie klar zu verstehen, aber in kurzen Worten vermittelte sie folgende Punkte:

Es wurde gesagt, Jim habe in Cambridge Vorlesungen über außersinnliche Wahrnehmung besucht, die von jemandem gegeben wurden, und, daß der Mann, der die Vorlesungen hielt, den gleichen Namen trage wie sein Vater. Der Name war schwer herauszubringen, aber schließlich lautete er auf Donald MacKinnon.

Es hieß, der alte Mann melde sich und er wolle, daß man nachforsche, denn er habe zwei Katzen gehabt, die früher seinem Sohn gehört hätten. Es wurde das Wort »Corpus Christi« genannt. Man wußte aber nicht, was damit anfangen.

Mr. Spraggett stellte dann über alle Unklarheiten Fragen. Er fragte, ob dieser der jüngere oder ältere Mann sei. Die Anwort kam: »Der jüngere. Der alte Mann ist hier und hat den gleichen Namen.«

»Ja, er ist hier mit Eurem Jüngling.«

Dann sagten Fords Lippen: »Der Sohn hat zwei Katzen, die dem alten Mann gehörten.«

Darauf kam eine Korrektur: »Nein, der ältere Mann hat zwei Katzen, die einst dem Sohn gehörten. Es scheint, daß er vielleicht — wie sein Sohn — eine Schwäche für Katzen hat. Ihr wißt nichts davon, oder? — Ihr könnt das nachprüfen.«

»Wo sind die Katzen jetzt?«

»In der Geisterwelt... es gibt im Universum nur ein Leben, und es nimmt jede Lebensform an, in einem Baum, in einem Tier, in einer Person. Es ist die gleiche schöpferische Kraft, aber sie manifestiert sich durch verschiedene Vehikel.«

Dann suchte Fletcher wieder nach dem Namen. »Er klingt wie McKenny oder McKinnon.«

»Donald MacKinnon«, sagte nun Bischof Pike. »Er ist Theologie-Professor an der Universität von Cambridge. Ich kannte ihn sehr gut. Er übte dort den größten Einfluß auf mein Denken aus.«

Nun fragte Spraggett: »Und wie steht es mit den Katzen?«

»Davon weiß ich nichts, aber ich könnte nachfragen«, antwortete der Bischof.

Sofort nach Beendigung des Fernsehprogramms telefonierte Mr. Spraggett mit Prof. Donald MacKinnon in Cambridge. Er erzählte ihm über das soeben gehabte Programm, und über die Botschaft, die von seinem Vater kam. Und dann fragte er ihn, ob er je zwei Katzen gehabt habe.

»Das ist wirklich interessant«, erwiderte Donald MacKinnon. »Ich hatte als Knabe zwei Katzen, eine schwarze und eine graue. Die eine hieß ‚Mewger'. Die graue verschwand etwa drei Jahre nach dem Ableben meines Vaters im Jahre 1933, und die schwarze führte sich am Tage der Beerdigung meines Vaters ganz eigenartig auf. Sie rannte vor dem Sarg her, als dieser aus dem Haus getragen wurde.«

Nachdem Mr. Spraggett diesen Bericht mitgeteilt hatte, erwähnte ein Angestellter von »Newsweek«, daß diese Information auch im »International Who's Who« (1966—67, S. 1955) zu finden sei. Dort steht zu lesen: »Mackinnon, Professor Donald MacKenzie, M. A. Norris-Hulse, Theologie Professor, Universität Cambridge seit 1960; Fellow des Corpus Christi Kollegs in Cambridge seit 1960, Sohn des D. M. Mackinnon, Fiskal Prokurator... Mitglied der schottischen Episkopalkirche und der Labour-Partei. Hobbies: Spaziergänge, Katzen, das Kino...«

Wenn wir nun das Ganze überblicken, so läßt sich konstatieren, daß alle drei konsultierten Medien den Sohn Jim sahen, seinen Namen nannten und vieles erwähnten, was weder sie noch Bischof *Pike* wissen konnten. Es meldeten sich verstorbene Freunde, an die niemand dachte (so daß Gedankenübertragung ausgeschlossen ist) und deren Identität nachgeprüft werden konnte. Die spiritistischen Phänomene ereigneten sich bei einem Mann, dem sie viel Unangenehmes eintrugen und der sie sicher nicht suchte, aber ehrlich genug war, ihre Existenz nicht zu leugnen. Es waren stets Zeugen zugegen, und wenn auch Skeptiker Bischof Pikes Mitarbeiter kaum als objektive Zeugen gelten lassen würden, so könnten sie gegen das kanadische Fernseh-Studio kaum mehr die These der Abhängigkeit aufrecht erhalten. Mit anderen Worten, der »Fall Bischof James A. Pike« hat sicherlich einen wertvollen Beitrag zu der Erkenntnis geleistet, daß der physische Tod unseres irdischen Körpers keineswegs den Tod unserer Persönlichkeit oder unserer Seele bedeutet.

Bischof *Pike* hat bald nachher — wie in einer Séance von Jim vorausgesagt — sein Amt in der Kirche niedergelegt. Schade, daß er so früh, erst 56-jährig, im Sommer 1969 auf einer Forschungsreise in Palästina gestorben ist.

Eine weitere Art von Identitätsbeweisen entkörperter Geister liefert in vielen Fällen

das Phänomen der Besessenheit,

das nicht etwa der Vergangenheit angehört, sondern in Irrenhäusern auch heute noch höchst aktuell ist. Es handelt sich dabei um die Inbesitznahme eines lebenden Körpers durch einen entkörperten Geist. Immer mehr Irrenärzte kommen zu der Überzeugung, daß das Irresein vieler Insassen von Nervenheilanstalten eine Form von Besessenheit darstellt.

Einer dieser Irrenärzte, Dr. med. *Carl Wickland* in Kalifornien, der zugleich Spiritist war, machte die Beobachtung, daß viele Menschen sich bei ihrem Ableben nicht bewußt sind, was mit ihnen geschieht. Da sie über den Tod hinaus alle Fähigkeiten, die ihnen als Mensch zur Verfügung standen, beibehalten haben, glauben sie immer noch, auf der Erde zu leben, fühlen aber doch, daß ihnen etwas fehlt, um handeln zu können: ihr materieller Körper. Auf der Suche nach ihm geschieht es oft, daß sie sich des Körpers eines fremden, noch lebenden Menschen bemächtigen und ihn regelrecht in Besitz nehmen. In einem solchen Fall spricht dann aus dem lebenden Körper nicht mehr der ihm angehörende Geist, sondern der Besessenheitsgeist. Der Umwelt erscheint die so in Besitz genommene Person als geisteskrank. Wie Dr. *Wickland* zu dieser Überzeugung gelangte, beschreibt er in seinem sehr interessanten Buch »Thirty Years Among the Dead«, das von Dr. med. *Wilh. Beyer* ins Deutsche übersetzt, unter dem Titel »Dreißig Jahre unter den Toten«[36]) erschienen ist.

Zur ersten Begegnung mit dem Besessenheitsphänomen kam es bereits während seines Medizinstudiums. Wesentliche Voraussetzung dafür war eine außergewöhnliche mediale Begabung seiner Ehefrau. Eines

Tages hatte Wickland mit anderen Medizinstudenten die Leiche eines etwa sechzigjährigen Mannes zu sezieren; er selbst nahm sich eines der Beine vor. Als er am Nachmittag nach Hause kam, fand er seine Frau von einem starken Unwohlsein befallen. Sie litt unter Gleichgewichtsstörungen und sagte, sie fühle sich »ganz seltsam«. Als er ihr seine Hand auf die Schulter legte, richtete sie sich hoch auf und war augenblicklich von einer fremden Wesenheit in Besitz genommen. Begleitet von drohenden Handbewegungen sprach diese aus ihr: »Was fällt Dir denn ein, mich zu zerschneiden!« Wickland erwiderte, er sei sich nicht bewußt, jemanden zu zerschneiden; doch die Stimme aus dem Mund seiner Frau entgegnete: »Natürlich tust Du das. Du zerschneidest mein Bein!«

Carl Wickland schloß daraus, daß die Seele jenes Mannes, den er zu sezieren begonnen hatte, ihm nach Hause gefolgt sein mußte. Er versuchte sich mit dem entkörperten Geistwesen zu unterhalten. Zuerst aber setzte er seine Frau in einen Sessel, was den Geist zu heftigem Protest veranlaßte, denn er wollte nicht, daß man »ihn anrühre«. Wickland erläuterte, er habe nur seine Frau, nicht aber »ihn« berührt, aber das glaubte er nicht. Er schien fest überzeugt, Frau Wicklands Körper sei sein eigener, und es bedurfte vieler Argumente, um ihm seine Lage verständlich zu machen. Dann bat er plötzlich um etwas Tabak. Da keiner erhältlich war, ersuchte er um eine Pfeife, denn — so sagte er — er rauche eben fürs Leben gern. Auch dieser Wunsch mußte abgeschlagen werden, denn weder Carl Wickland noch seine Frau rauchten. Nach längeren Erläuterungen über den jetzigen entkörperten Zustand gehorchte der Verstorbene dann Carl Wicklands Aufforderung und verließ Frau Wicklands Körper. Nachträglich nahm Wickland noch eine Untersuchung der Zähne der Leiche vor. Sie ließen deutlich die Spuren starken Tabakmißbrauchs erkennen. Es konnte also kaum ein Zweifel bestehen, daß der Geist der zur Sezierung übergebenen Leiche lebendig geblieben und durch die Besitznahme von Frau Wicklands Körper in Erscheinung getreten war.

Solche spontanen Besitznahmen von Frau Wickland ereigneten sich später noch oft, und der angehende Arzt schöpfte daraus viele wichtige Erkenntnisse. Als er dann Irrenarzt wurde, gelangen ihm äußerst wertvolle Experimente, die er zu einer Heilmethode ausbaute. Das erwähnte Buch »Dreißig Jahre unter den Toten« ist eine Wiedergabe der Protokolle seiner Behandlungen, wobei seine Gespräche mit Besessenheitsgeistern im genauen Wortlaut aufgeführt sind. Im Rahmen dieser Arbeit können wir aber auf diese Gespräche nur insoweit eingehen, als sie Identitätshinweise enthalten.

Die Methode war ganz einfach. Irre oder Wahnsinnige, die der Besessenheit verdächtig erschienen, wurden zur Übertragung des krankhaften Seelenzustands auf Frau Wickland mit Hilfe einer Influenz-Maschine elektrisiert. Dies geschah meistens in Gegenwart des Mediums. Diese Elektrisierung — für den Patienten völlig harmlos — hatte nämlich eine außergewöhnlich starke Wirkung, welcher ein Besessenheitsgeist nicht lange standhalten konnte. So wurde derselbe also aus dem Patienten vertrieben, und da es für Geister sehr leicht und einfach ist, den Körper eines Mediums in Besitz zu nehmen, wechselten sie meistens sehr rasch auf Frau Wickland über, die zu diesem Zweck vorher in den Zustand der sogenannten Tief-Trance versetzt worden war.

Das Erstaunliche, das hierauf folgte, bestand darin, daß der Patient mit der Vertreibung des Geistes — oft waren es auch deren mehrere — plötzlich wieder normal wurde, während der Besessenheitsgeist sich jetzt durch das Medium kund tat und sich in ihm ganz ebenso gebärdete wie vorher im Patienten. Das zeigt mit aller Deutlichkeit, daß der Urheber der krankhaften Störung eben dieser Besessenheitsgeist gewesen war.

Der Zweck der Übertragung des Geistes auf das Medium liegt in dem Umstand, daß es dadurch möglich wird, sich mit dem betreffenden Geiste ganz unmittelbar zu unterhalten, und dies wurde dann dazu benutzt, um ihn zur Erkenntnis seiner wahren Lage zu bringen und um ihn zu belehren, daß er ja ein viel besseres Leben haben könne. Diese Belehrung dauerte oft geraume Zeit, und wenn der Geist ganz ungläubig blieb, forderte ihn der Arzt auf, die Hände des Mediums anzuschauen und zu sagen, ob das seine Hände wären, oder es wurde ein Spiegel vorgehalten mit der Frage, ob das das Gesicht des Besessenheitsgeistes sei. Durch Geduld und

Ausdauer gelang es dann meistens, diese Geister von ihrem wahren Zustand zu überzeugen, und dann stellten sich immer auch gleich die Helfer im Jenseits ein, um diese irrende Seele in Empfang zu nehmen. Das Medium wurde so wieder von der Besessenheit befreit.

Es ist bemerkenswert, daß der Besessenheitsgeist in vielen Fällen identifiziert werden konnte, wodurch man die Gewißheit erhielt, daß es sich um den Geist eines Verstorbenen handelte. *Carl Wickland* schreibt im dritten Kapitel u. a.:

»... Dagegen ließ sich immer und immer wieder feststellen, wen wir in dem sich kundgebenden Geiste vor uns hatten, und wir haben bezüglich dieser Feststellungen unzählige Bestätigungen erhalten. Einmal hatte ich Gelegenheit, mich mit 21 verschiedenen Geistern zu unterhalten, die alle durch meine Frau sprachen. Die Mehrzahl gab mir befriedigende Beweise dafür, daß sie bestimmte Freunde und Verwandte waren, die ich während ihres Erdenlebens gekannt hatte. Im ganzen sprachen sie sechs verschiedene Sprachen, während meine Frau nur schwedisch und englisch spricht.«

Aus der großen Auswahl von Besessenheitsfällen, die in Dr. Wicklands Buch enthalten sind, wollen wir hier nur den

Fall Hesselroth

zitieren, der kurz und typisch ist und entscheidende Aussagekraft hinsichtlich der uns interessierenden Frage besitzt, ob Geister existieren und sich identifizieren lassen. Der Text (Kap. 4) lautet:

»Unwissende Geister wandern oft viele Jahre ziellos in der Erdensphäre umher. Sie wissen nichts von einer höheren, geistigen Welt, in die nur der hineingelangen kann, dessen Sinne sich ihr verstehend öffnen. So hält ihre Unwissenheit sie in einem Zustand trüber Verwirrung und dumpfer Eintönigkeit und schafft ihnen Leiden. Viele bleiben am Schauplatz ihres irdischen Lebens haften und setzen ihre frühere Tätigkeit fort, während andere in tiefen Schlaf fallen, aus dem sie nur mit Mühe geweckt werden können.

Ein Geist, der sich seines Hinüberganges gar nicht bewußt geworden war und noch seiner früheren Tätigkeit nachging, nahm bei einer unserer Sitzungen in Chicago von meiner Frau Besitz.

»Weshalb sitzen Sie im Dunkeln?« fragte er. (Wir experimentierten damals im Dunkeln.)

»Ich bin Hesselroth von der Drogerie.«

Herr Hesselroth, der schwedische Besitzer einer Drogerie in Chicago, war ein Jahr zuvor im Krankenhaus gestorben. Doch wir wußten nichts von diesem Mann, weder von seinem Tode noch von seinen sonstigen Verhältnissen. An diesem Abend war jedoch einer seiner Freunde, Herr Eckholm, in unserem Zirkel. Der Geist war sich seines Todes nicht bewußt und behauptete, er leite noch seine Drogerie.

Sein Freund im Zirkel sagte, er habe erfahren, daß die Drogerie an den Geschäftsführer verkauft worden sei.

Das berichtete er auch dem Verstorbenen. Doch dieser widersprach lebhaft und behauptete: »Abrahamson verwaltet sie nur für mich.«

Der Geist erzählte von einem Einbruch, der kürzlich in seinem Hause verübt worden sei, und beschrieb die drei Einbrecher. Er sagte, zuerst habe er Angst bekommen, als sie eindrangen. Dann habe er sich aber ein Herz gefaßt und seinen Revolver holen wollen, sei aber nicht imstande gewesen, ihn zu fassen. Darauf hätte er auf einen der Einbrecher eingeschlagen, aber seine Hand sei »mitten durch den Kerl hindurchgegangen«, und es sei ihm unbegreiflich, weshalb er überhaupt nichts habe tun können.

Spätere Nachforschungen ergaben die Richtigkeit der vom Geiste gemachten Aussagen, daß die Drogerie nicht verkauft und tatsächlich auch ein Einbruch in dem Hause verübt worden war.

Hier ist die Annahme, daß das Unterbewußtsein des Mediums in diesem Falle eine Rolle gespielt habe, ebensowenig stichhaltig wie etwa eine Erklärung mit Auto-Suggestion. Hesselroth war allen Anwesenden, mit Ausnahme seines Freundes Eckholm, völlig unbekannt, und dieser Freund war ja über den Verkauf des Geschäftes falsch informiert.

Viele Jahre später, als wir schon in Kalifornien wohnten, kam dieser Geist nochmals zu uns und sprach wieder durch meine Frau:

Sitzung am 29. September 1920. Geist: Herr Hesselroth.

Geist: »Ich komme nur, um ein paar Worte zu sagen, denn hier hat man mir einst aus der Finsternis herausgeholfen, und ich bin ein Helfer im ‚Barmherzigkeits-Bund' geworden.«
Doktor: »Wer sind Sie, Freund?«
Geist: »Ich bin einer Ihrer Helfer. Ich komme zuweilen in die Nähe und komme heute abend, um Ihnen ein paar Worte zu sagen. — Einst befand ich mich in einem sehr unklaren Zustand, aber jetzt bin ich Mitglied Ihres Bundes. Ich dachte mir, es wird Ihnen Freude machen, das zu hören. Ohne Ihre Hilfe wäre ich wahrscheinlich noch immer in der Finsternis. Viele Jahre sind inzwischen vergangen. Jetzt habe ich vollkommenes Verständnis für das wahre Leben durch Sie und diesen kleinen Zirkel des Barmherzigkeits-Bundes! Es war nicht hier, es war in Chicago, wo mir geholfen wurde.
Es ist mir eine große Freude, heute Abend hier bei Ihnen zu sein. Ich würde Ihnen gerne meinen Namen nennen, aber es scheint, ich habe ihn rein vergessen, denn ich habe ihn so lange nicht gehört. Er wird mir aber wohl noch wieder einfallen, und dann werde ich ihn nennen. Erinnern Sie sich eines alten Herrn, den Sie gut kannten, — Herrn Eckholm? Er war übrigens noch gar nicht so sehr alt. Er war ein sehr lieber Freund von mir, und durch ihn kam ich zu Ihnen.«
Doktor: »Bei einer Sitzung in Chicago?«

Geist: »Ja. Ich hatte eine Drogenhandlung in Chicago. Mein Name ist Hesselroth. Ich konnte im Augenblick nicht darauf kommen. Ich bin einer Ihrer Helfer hier, ... denn wenn Sie mir nicht geholfen hätten, stände ich gewiß auch jetzt noch in meinem Drogengeschäft und verkaufte Medizin. Ein ganzes Jahr habe ich mich nach meinem Tode noch um das Geschäft gekümmert, wie zu meinen Lebzeiten, nur fühlte ich mich nicht mehr krank wie vorher. Ich war im Laden plötzlich erkrankt und bin von dort ins Krankenhaus gebracht worden, wo ich dann starb. Man brachte meine Leiche in die Leichenhalle und nicht nach Hause. Sie wissen, es heißt in der Bibel: ‚Wo euer Schatz ist, da ist auch euer Herz.' — Als ich aus dem Todesschlaf erwachte, dachte ich zuerst an mein Geschäft und befand mich dann auch gleich dort. Ich sah, daß alles seinen geregelten Gang ging, aber es kam mir doch recht seltsam vor, daß ich mit keinem meiner Kunden reden konnte. Ich glaubte schließlich, ich hätte während meiner Krankheit die Sprache verloren und dachte daher nicht weiter darüber nach. Ich widmete mich ganz dem Geschäft und bestimmte meinen Geschäftsführer dazu, alles nach meinem Wunsch zu erledigen. Ich leitete das Geschäft, und Abrahamson führte alles für mich aus. Ich wußte nicht, daß ich tot war, bis ich zu diesem Herrn (Dr. W.) in seinen Zirkel kam.

Als eines Tages Einbrecher in mein Haus eindrangen, fiel mir der Revolver ein, den ich stets in meiner Schublade hatte. Ich ging hin, um ihn zu holen. Immer versuchte ich, ihn zu ergreifen, aber meine Hand ging durch alles hindurch. Da kam mir denn doch der Gedanke, daß irgend etwas mit mir los sein müßte.

Nun erlebte ich auch zum ersten Mal Erscheinungen. Ich sah meine verstorbenen Eltern und glaubte, ich sei wohl nicht ganz richtig im Kopf. Da hielt ich es für das Beste, meinen Freund Eckholm aufzusuchen. Ich hatte ihn immer für nicht ganz normal gehalten, weil er an Spiritismus glaubte. Ich wollte Eckholm aufsuchen und ihn fragen, ob Geister wirklich wiederkehren und sich zeigen könnten — und dabei war ich selber ein Geist! Da kam ich dann in diesen Zirkel und konnte auf einmal wieder sprechen und nach einem Weilchen öffnete sich die Pforte zu dem herrlichen Land des Jenseits...

Ich will Ihre Zeit nicht länger in Anspruch nehmen, aber es war mir eine Freude, heute abend hierher zu kommen und mit Ihnen sprechen zu dürfen. Es sind ungefähr fünfzehn Jahre her, als ich das erste Mal zu Ihnen kam. Eckholm läßt sagen, er sei stolz auf dieses Werk hier, und läßt Sie alle herzlich grüßen. — Nun gute Nacht!«

Mit diesem Fall von Besessenheit wollen wir die »Beweisaufnahme« zur Frage der Existenz und Identifikation von Geistern beenden. Haben wir nun wirklich den Beweis erbracht, daß der Mensch den Tod überlebt, und wenn ja, ist dieser Beweis auch im Sinne der exakten Wissenschaft unanfechtbar?

Anfechtbar ist alles! Alle großen Erkenntnisse sind irgendwann angefochten worden. Wir haben gesehen, daß sogar die exakten Wissenschaften anfechtbar sind und auch ständig angefochten werden; warum sollte dann die »unexakte Wissenschaft«, d. h. diejenige, die sich mit nichtmateriellen, also nicht meßbaren, nicht wägbaren und durch die menschlichen Sinne nicht wahrnehmbaren Dinge befaßt, eine Ausnahme bilden? Hat nicht die Quantenphysik die für unanfechtbar und unantastbar gehaltenen physikalischen Gesetze *Newtons* widerlegt? Haben eminente Wissenschaftler nicht die Grundlage des Materialismus, die Materie selber, entmaterialisiert? Zeigten sie nicht, daß Materie im Sinne von festen Körpern gar nicht existiert? Wurde aus dem Gesetz der Kausalität nicht eines der Statistik gemacht, welches zeigte, daß Kausalität nur als Verhaltensregel für eine Masse, nicht aber für individuelle Wesen, Gültigkeit hat?

In Wirklichkeit wissen wir weder von Materie noch von Energie, was sie sind. Wir erkennen nur, wie sie sich auswirken bzw. wie sie durch unsere Sinne wahrgenommen werden. Wenn aber in der exakten Wissenschaft Gesetze nur Verhaltensregeln einer Masse sind, dann dürfen wir dieses Prinzip auch für Geisteswissenschaften beanspruchen und zur Anwendung bringen. Mit anderen Worten: Wenn eine große Anzahl von Phänomenen geistiger Art immer und immer wieder in gleicher oder ähnlicher Form auftreten, so demonstrieren sie damit eine Gesetzmäßigkeit und können ebenso Anspruch auf wissenschaftliche Anerkennung erheben wie Phänomene materieller Art.

Da nun auf der ganzen Welt, in allen Ländern und zu allen Zeiten, psychische Phänomene vorgekommen sind und sich auch heute noch täglich ereignen und da all diesen Phänomenen eine Gesetzmäßigkeit zugrunde liegt, so daß es vielen Menschen möglich ist, die Phänomene willentlich und sozusagen auf Kommando hervorzubringen, ferner weil alles Menschenmögliche getan worden ist, um Täuschung oder Schwindel auszuschalten, muß jeder unvoreingenommene Forscher die Tatsache, daß man mit Geistern verkehren kann, sowie die daraus folgende Tatsache der Existenz von Geistern, anerkennen!

Wer glaubt, es nicht tun zu können, der muß sich eben die Mühe nehmen, einigen spiritistischen Sitzungen beizuwohnen, denn eine selbsterlebte Manifestation von Geistern überzeugt mehr als alle Worte, alle Theorie und alle Logik.

SCHLUSSÜBERLEGUNGEN

Erkenntnisse, Erfahrungen und Erinnerungen besitzen nur einen Wert, wenn daraus Lehren gezogen werden, d. h. wenn unsere zukünftige Handlungsweise danach gestaltet und die gewonnene Einsicht verwertet wird. Diese Schlußüberlegungen sollen dieser Aufgabe dienen.

Wir bringen hier zunächst einige Betrachtungen zu dem entscheidenden Thema, dem

Überleben des physischen Todes

Wenn uns unsere Sinne ein unvollständiges und falsches Bild der materiellen Welt vermitteln — wenn wir anhand von Apparaten die Existenz außersinnlicher Geschehnisse und physischer Tatsachen erkennen und durch die Wissenschaft aufgeklärt werden, daß Materie als solche überhaupt nicht existiert, sondern daß sie aus lauter Energie-Strukturen besteht, deren kleinste Teilchen ganz unvorstellbar winzig und kurzlebig, aber trotzdem lebendig sind —, wenn wir bedenken, daß das *Perpetuum Mobile*, d. h. jene Kraft, die auf physisch unerklärliche Weise die Schwingungen der Elektronen im Atom verursacht und unterhält, in Wirklichkeit

Geisteskraft ist und daß nach neuesten Forschungsergebnissen der letzte Ursprung aller Dinge, nämlich derjenige der Energie, des Stoffes, des Lebens, des Bewußtseins und des Geistes, in einem durch Menschensinne und durch menschliche Erkenntnis unberührbaren Reich entsteht —, wenn wir in Betracht ziehen, daß zwischen sogenannten »toten Materien« eine Wechselwirkung, d. h. eine gegenseitige Beeinflussung besteht, woraus wiederum lebenswichtige Verbindungen entstehen —, wenn Pflanzen, denen wir allgemein weder Gefühls- noch Denkfähigkeit zugestehen (von Telepathie schon gar nicht zu reden!), anhand von Experimenten mit einem Polygraphen Gemütsbewegungen wie Furcht oder Freude oder die Tötung lebender Zellen sogar telepathisch auf Distanz registrieren, wenn diese Pflanzen beim Abschneiden eines Zweiges die Intelligenz besitzen, ihr Wachstum umzustellen und anstelle von Blättern Wurzeln zu treiben —, wenn es unserem Bewußtsein möglich ist, aus dem physischen Körper auszutreten und während dessen bewußtlosem Zustand dennoch zu denken, zu fühlen, zu sehen und zu hören —, wenn das Bewußtsein Verstorbener die Fähigkeit hat, durch ein Medium (in neuester Zeit sogar ohne Medium durch die sogenannten Transzendentalstimmen) Mitteilungen an noch lebende Personen auf der Erde zu senden und auf deren Fragen intelligent zu antworten —, wenn es sogar gelungen ist, solche Geist-Kommunikatoren einwandfrei zu identifizieren und von ihnen Informationen zu erhalten, von denen kein Lebender Kenntnis besitzen konnte —, wenn bei Hypnose-Experimenten Rückerinnerungen an frühere Leben zustandekamen und es Kinder gibt (wie z. B. das indische Mädchen *Shanti Devi*[37]), die sich an frühere Erdenleben erinnern —, wenn schließlich unsere Physiker lehren, daß keine sogenannte Materie (die, wie wir ja jetzt wissen, keine Materie, sondern verdichtete Geistenergie ist) je aufhört zu existieren, sondern sich immer nur verwandelt —, wenn wir all das wissen und das Beweismaterial dazu besitzen, dann grenzt es an Absurdität zu behaupten, mit der Zerstörung bzw. mit dem Zerfall des materiellen Körpers höre die ganze Existenz eines Menschen auf. Seine Existenz hört nie auf, aber sie hört auch nie auf, sich zu verwandeln, und der physische Tod ist eine solche Verwandlung. Der Geist des Menschen, der das Wesentliche an ihm darstellt, wechselt nur sein Kleid und begibt sich auf eine Ebene mit einer anderen Vibration bzw. einer anderen Frequenz als derjenigen unserer Erde. Aus diesem Grunde kann niemand sterben, sondern er ist gezwungen, seine Lebensreise auch nach seinem sogenannten »Ableben« fortzusetzen. Das ist das Gesetz des Kosmos, das keinen Ausweg und kein Entrinnen zuläßt. Unser Erscheinen und Verschwinden auf dieser Welt bedeutet, daß bei der Geburt ein Geist einen Körper angenommen hat, den er beim Tod wieder verläßt. Das Wissen um diese Tatsache dürfte die Lebensgestaltung vieler Menschen in gutem Sinne beeinflussen.

Nun gibt es viele Menschen, die an ein Überleben des physischen Todes glauben, aber wenn sie von der Existenz von Gruppenseelen hören, befürchten, sie könnten im Laufe ihrer Weiterentwicklung ihre Individualität verlieren und in der Gruppenseele verschwinden wie ein Tropfen im Wasser.

Die individuelle Weiterexistenz

verändert sich aber durch die Zugehörigkeit zu einer Gruppenseele keineswegs, und man kann dies ungefähr wie folgt erläutern:

Wir Menschen unterscheiden fast immer zwischen einem Teilstück und einem Ganzen: Der Zweig eines Baumes, der Fuß eines Tieres, die Hand eines Menschen, die Stadt eines Landes betrachten wir als Teilstücke eines Ganzen. Der Baum, das Tier, der Mensch, ein Land werden dagegen als ein Ganzes, ein für sich Existierendes, ein Abgeschlossenes und Selbständiges angesehen. Diese Anschauungsweise ist aber falsch. Sie ist typisch für unsere Beschränktheit; denn es gibt im ganzen Universum kein für sich existierendes, selbständiges Ganzes, kein Wesen, das nicht zu seiner Umwelt gehört und von ihr abhängig ist. Alles, was wir sehen, ist immer und ausnahmslos Teilstück, und zwar Teilstück eines noch größeren Teilstückes! Denken wir an folgendes:

Der Baum ist in Wuchs und Form eine einem Zweck

unterstellte, als Einheit dastehende Organisation, aber er ist nicht selbständig, auch wenn er selbst und ohne Beihilfe wächst und groß wird; denn er ist zu seiner Existenz von Erde, Wasser und Licht abhängig, ohne die er zugrundeginge. Er gibt seinerseits Sauerstoff ab, der für die Existenz der Tierwelt größte Bedeutung hat. Obwohl wir also einen Baum als ein Ganzes betrachten, ist er nur ein Teilstück der Natur. Das gleiche gilt für alle Tiere und Menschen. Sie sind für ihre Nahrung auf Wasser, Pflanzen und andere Lebewesen angewiesen, sie benötigen Luft für die Atmung und Licht, damit sie sehen können, und so sind auch sie keine Ganzheiten, sondern Teilstücke, die einem immer noch größeren Teilstück zugehören. Sogar die Welt, in der wir leben, ist auch nur Teilstück des viel größeren Universums, und so geht es weiter und weiter. Nirgends, aber auch nirgends, ist ein Ganzes wahrnehmbar, denn es gibt nur Ein Ganzes, und das ist das unsichtbare, unfaßbare *Etwas*, das alles umfaßt, die Vergangenheit, die Gegenwart, die Zukunft, die Unendlichkeit, die Ewigkeit, das Leben, das Bewußtsein, das Werden und Vergehen, das Allwissen und die Allmacht. Dieses *Etwas*, das kein »Etwas«, sondern »das Ganze« ist, nennen wir heute *Gott*, aber die Unbeschränktheit Gottes muß jedem beschränkten Wesen, das nur Teil eines Teiles sein kann, unbegreiflich und unverständlich bleiben.

Wenn wir also immer Teile eines größeren Teilstückes darstellen und im materiellen Leben als Individuen Teilstück oder Mitglied einer Gemeinschaft sind, wenn wir trotzdem unsere Inidividualität nicht einbüßen, also beides sein können, Individuum und Mitglied einer Gemeinschaft, warum sollte dann die Zugehörigkeit zu einer Gruppenseele die Individualität unserer Seele beeinträchtigen? Im Gegenteil, als Mitglieder von etwas Größerem können wir auch an den Erfahrungen dieser größeren Gemeinschaft Anteil haben, genau wie sich auf der Erde Gleichgesinnte zusammentun und durch Gedankenaustausch in den Besitz von Erfahrungen anderer gelangen. Eine Weiterexistenz des Individuums wird somit durch die Zugehörigkeit zu einer Gruppenseele in keiner Weise gefährdet, was auch von vielen Geist-Kommunikatoren durch Vermittlung ihrer Medien bestätigt wurde.

Und nun zur Frage:

Vom Sinn des Lebens

Um den Sinn von irgend etwas zu ergründen, tun wir gut, immer festzustellen, was mit diesem »Etwas« getan werden kann. Nehmen wir an, dieses »Etwas« sei »Beine,« dann können wir antworten, daß Beine sicher zum Gehen bestimmt sind. Mit anderen Worten: Der Sinn der Beine ist das Gehen. Das gleiche gilt auch von allen anderen Körperteilen, z. B.: Der Sinn der Augen ist das Sehen, derjenige der Ohren das Hören, derjenige der Hände das Greifen, derjenige des Magens das Verdauen, derjenige des Gehirns das Denken usw. Es wäre nämlich eine Absurdität, Glieder und Organe zu schaffen, die keinen Zweck erfüllten und somit sinnlos wären. Es genügt aber nicht, zur Erläuterung des Sinns des Lebens nur die materiellen Glieder und Organe in Betracht zu ziehen, denn der Mensch besitzt dazu auch noch psychische »Glieder und Organe«, die ihm zu einem ganz bestimmten Zweck verliehen worden sind. Wir denken an den Instinkt, das Erinnerungs- und Denkvermögen, Vernunft und Wille. Was ist nun der Zweck dieser psychischen Fähigkeiten?

Der Zweck des *Instinkts* besteht darin, daß er dem Individuum, dem er angehört, zu einer raschen und richtigen Reaktion in allen Lagen seines Lebens verhilft. Man muß, wie schon erwähnt, sich vorstellen, daß die Seele, d. h. die geistige Struktur, die den Instinkt hervorbringt, eine Art geistiger Computer ist, dem alle Lebensfunktionen und die Reaktionen auf alles, was dem ihm angehörenden Lebewesen normalerweise zustoßen könnte, einprogrammiert sind. Darum sind die instinktiven Reaktionen so unglaublich rasch und zweckmäßig; denn wie wir ja wissen, reagiert auch ein Computer viel rascher und zuverlässiger, als wenn die Reaktion durch einen Denkprozeß veranlaßt werden müßte.

Das *Erinnerungsvermögen* seinerseits bezweckt die Aufbewahrung von Erfahrungen. Ohne ein Erinnerungsvermögen wäre es unmöglich, von Erfahrungen zu lernen, denn mit dem Übergang der Gegenwart in die

Vergangenheit müßten auch die Erfahrungen entschwinden.

Das *Denkvermögen* ist direkt abhängig von der Erinnerung, denn auf Grund der Erinnerung an frühere Geschehnisse können durch den Denkprozeß einst begangene Fehler in Zukunft vermieden werden. Diese Denkprozesse beziehen sich aber stets auf das Wohl jener Lebewesen, die sie hervorbringen. Mit anderen Worten, sie sind stets egoistischer Natur.

Dem Menschen, d. h. dem auf der Erde am weitesten entwickelten Lebewesen, steht jedoch noch eine weitere Intelligenz zur Verfügung:

Die *Vernunft*. Was ist Vernunft? — Wir haben gesehen, daß primitive Lebewesen nur mit Instinkt, etwas höher entwickelte dagegen noch mit Erinnerungs- und Denkvermögen ausgestattet sind. Damit können sie leben und ihr Leben noch einigermaßen verbessern. Solange nun die Denkkraft im Rahmen dessen bleibt, was ein Tier vollbringen kann, besteht für die Weltordnung kaum eine Gefahr, denn die Denkkraft der Tiere ist klein. Ganz anders verhält es sich beim Menschen. Seine Denkkraft hat ausgereicht, um die Wasserstoffbombe zu fabrizieren. Mit den heute vorhandenen Vorräten an solchen Bomben könnte alles Leben auf der Erde vernichtet werden. Das zeigt mit erschreckender Deutlichkeit, was für Katastrophen das menschliche Erinnerungs- und Denkvermögen zu entfesseln imstande ist und daß eine zwingende Notwendigkeit besteht, dieses Denkvermögen noch durch eine zusätzliche Intelligenz zu ergänzen. Diese zusätzliche Intelligenz ist die Vernunft. Während nämlich persönliche Denkkraft durch den der Seele einprogrammierten Instinkt egoistische Ziele verfolgt und kurzsichtig nur einen persönlichen Gewinn sucht, befaßt sich die Vernunft ebenso mit der Umwelt. Im Gegensatz zur Tierwelt besitzt der Mensch also eine Vernunftseele, deren Erkenntnisfähigkeit weit über seine Person hinausreicht. Er erkennt, was in der Welt zum Wohl des Ganzen getan werden sollte.

Die Durchführung dieser Erkenntnis ist aber nicht leicht, weil Instinkt und persönlicher Egoismus trotz Vernunftfähigkeit immer noch sehr lebendig und aktiv sind. Darum braucht die Vernunft auch noch eine Kraft, um sich durchzusetzen, und das ist eben:

Die *Willenskraft*. Je stärker in uns die Vernunft entwickelt ist, umso wirkungsvoller ist die Willenskraft, denn Vernunft ist — wie alles Geistige — dynamisch.

Der Sinn des Lebens basiert auf den hier besprochenen, uns zur Verfügung stehenden materiellen und geistigen Fähigkeiten, er ist die Entwicklung von tieferer zu höherer Geistigkeit und von Selbstsucht zu Vernunft. Wir sollen die Wohlfahrt des Ganzen und nicht nur die der eigenen Person verfolgen und erkennen:

Je entwickelter und freier die Seele wird, umso mehr Verantwortung trägt sie!

Es ist in der heutigen Zeit notwendiger denn je, auf die Folgen aufmerksam zu machen, die eine egoistische, zum Schaden der Umwelt und auf unsoziale, eigene

Bereicherung eingestellte Handlungsweise unfehlbar nach sich zieht. Das Gesetz von Ursache und Wirkung gelangt hier zur vollen Anwendung und eine schlechte Saat wird eine schlechte Ernte bringen!

Ein Warnruf an die Menschheit

Die heutige Welt ist im Umbruch. Um mit *Nietzsches* Worten zu reden: Wir sind Zuschauer einer »Umwertung aller Werte«. Noch nie in der ganzen Geschichte unseres Planeten gab es eine Periode solcher Veränderungen. Der Prozeß begann mit dem ersten Weltkrieg und der Höhepunkt ist vielleicht noch nicht erreicht. Das bereits erreichte Ausmaß muß aber zur Besinnung mahnen. Wir wollen rasch überprüfen, was die Vernunft bisher schuf und was sie noch zu schaffen hat:

Zu den Änderungen, die gegenüber früher vernünftig und begrüßenswert sind, gehören die sozialen Verbesserungen der minderbemittelten, werktätigen Bevölkerung, die Befreiung vieler Staaten von ausländischer Oberherrschaft, die Versicherungsmöglichkeit gegen Arbeitslosigkeit und Krankheit, die Einführung von Alters-, Hinterbliebenen- und Invalidenrenten, die Gleichberechtigung der Frau im wirtschaftlichen und politischen Leben, die Verbesserung der Schulbildung und die Öffnung der Hochschulen durch Stipendien auch für begabte Kinder armer Eltern, die Hebung des Lebensstandards für die Massen, die obligatorische

Einführung bezahlter Ferien, die Verkürzung der Arbeitszeit, die Auslands-, Entwicklungs-, Flüchtlings- und Katastrophenhilfe, die Anstrengungen zur Verhütung von Kriegen durch die Vereinten Nationen und von Mißhandlungen Gefangener durch das Rote Kreuz und *Amnesty International*, der Schutz der Menschenrechte durch internationale Vereinbarungen, der Tierschutz, der Umweltschutz usw., usw. Wir dürfen auf diese Verbesserungen der Lebensbedingungen — auch wenn sie noch lange nicht überall in die Tat umgesetzt sind — stolz sein, denn sie zeigen an, daß sich ein gewisses Maß von Vernunft durchzusetzen begonnen hat.

Richten wir aber unser Augenmerk auf das, was nebst diesen begrüßenswerten Anstrengungen geschieht, dann sieht unsere Welt noch sehr düster aus. Wir werden Zeugen von gigantischen Machtkämpfen für wirtschaftliche und politische Vorteile, für Monopole zur Erreichung hoher Gewinne, für Geländeaneignungen zur Ausnützung von Erz- oder Ölvorkommen, für billige Arbeitskräfte, für die Beeinflussung der öffentlichen Meinung usw. Gewerkschaften ihrerseits, einst gegründet zur Bekämpfung unwürdiger Entlohnung, benützen ihre Macht jetzt oft zur Erpressung überhöhter Lohnforderungen. Wir sind auch Zuschauer von grausamer Ausrottung von Tieren zur Stillung von Modegelüsten, von unmenschlicher Tierhaltung und Tierquälerei in Schlachtvieh- und Geflügelfabriken sowie von gefühlloser Vivisektion in Universitätskliniken, die oft ohne Notwendigkeit aus Forschungsehrgeiz begangen werden. Das Schlimmste von allem aber ist das Überhandnehmen von Verbrechen gemeinster Art, z. B. Entführungen unschuldiger Menschen zur Erlangung hoher Lösegelder, Ermordung ebenfalls Unschuldiger zur Durchsetzung von Forderungen, die von einer Mehrheit abgelehnt werden, Folterungen zur Erpressung von Geständnissen, Gefangennahme von Geiseln mit der Drohung, sie bei nicht sofortiger Freilassung von inhaftierten Schwerverbrechern zu töten, Fabrikation von immer schrecklicheren Zerstörungswaffen zur gewaltsamen Erreichung egoistischer Ziele und zum Füllen der Taschen von in Luxus lebenden Inhabern solcher Aktien, Angriffe unter Bedrohung mit automatischen Waffen auf Banken, Postämter und Großfirmen zur Entwendung enormer Geldbeträge, Enteignungen, Verurteilungen und Verbannungen unbequemer, sich für Wahrheit, freie Meinungsäußerung und Gerechtigkeit einsetzender Kämpfer usw.

Aus allem geht hervor, was für eine Gefahr die vernunftlose Denkkraft in sich birgt. Sie ist wie ein Wagen ohne Lenker, der an Schnelligkeit stets zunimmt. Wenn es der Menschheit nicht gelingt, das Gefährt in letzter Minute noch zu bremsen, dann könnte sie an ihrer eigenen Denkkraft zugrunde gehen. Was die Menschen daher heute brauchen, ist nicht noch mehr technischen Fortschritt, sondern geistige Einsicht und Selbstbesinnung, mehr — ja, viel mehr Vernunft!

Sie brauchen vor allem die Erkenntnis, daß die Wohlfahrt des Einzelnen von der Wohlfahrt des Ganzen abhängt, daß die Zerstörung der Umwelt, der Mitmenschen und der freien Meinungsäußerung auch die Zerstörung des Individuums mit sich bringt, ja daß sich jede böse Tat früher oder später gegen ihren Urheber richten und ihm schaden wird.

Wenn wir Fortschritte machen und uns nicht gegenseitig zerstören wollen, müssen wir unsere bisherigen, vernunftlosen Lebensanschauungen, Lebensbedingungen, unsere staatlichen Souveränitätsrechte, unsere Kriegsrüstungen, unsere Methoden der immer fortdauernden, wirtschaftlichen Expansion, unsere Hierarchien auf geistigem und materiellem Gebiet, unseren Raubbau an natürlichen Rohstoffvorkommen und an der Tierwelt, verurteilen. Wir müssen ganz umlernen und den Blick von unserer eigenen Person, unserer eigenen Familie, unserem Vaterland auf die ganze Welt erweitern. Wir müssen auch an jene Menschen denken, die weit von uns entfernt sind, denn durch die schnellen Verkehrsmittel, durch Radio und Fernsehen, sind uns heute alle nah! Es gibt keine Entfernung mehr, die nicht in einem Tag überwunden werden könnte, und daher gibt es auch auf dieser ganzen Erde keine Nöte mehr, die uns gleichgültig lassen dürfen.

Lieber Leser, Sie werden mir antworten: »Ich bin im Prinzip mit diesen Ausführungen einverstanden, aber was kann ich allein gegen den in allen Menschen eingefleischten Egoismus tun? Man würde mich auslachen und als wirklichkeitsfremden Utopisten nicht mehr ernst nehmen.« Das stimmt nicht! Es gibt eine ganz schlichte und unauffällige Art, auf die Menschen einen guten Einfluß auszuüben, und ich will hier nur mit einigen Worten den Weg weisen:

Versuchen Sie es anfangs, lieber Mitmensch, mit der Höflichkeit. Halten Sie einem Ihnen nachfolgenden fremden Menschen die Tür auf, und diese kleine Gefälligkeit wird Ihnen ziemlich sicher ein »Danke« und einen freundlichen Blick eintragen. Tatsächlich geschieht aber viel mehr. Dieser fremde Mensch hat Sie durch Ihre Geste als höflicher Nachbar in seine Erinnerung aufgenommen. Das bedeutet, daß in ihm ein Wohlwollen Ihnen gegenüber entstanden ist. Bei Gelegenheit wird er Ihnen ebenfalls eine Höflichkeit erweisen, und Höflichkeit ist der Samen, woraus der Baum der Nächstenliebe wächst. Wenn man, nach solchem Anfang, zu eigentlichen Liebesdiensten übergeht, dann wird man die Erfahrung machen, daß viele Mitmenschen auch uns Liebe entgegenbringen, und dadurch wird die Welt um uns sonnig und warm.

Vergessen wir nicht: Der Anfang muß *durch uns selbst* gemacht werden.

Wir müssen den Stein ins Rollen bringen. Von *unserer* Initiative hängt alles ab, denn auch hier arbeitet das Gesetz von Ursache und Wirkung.

Und wir müssen Ursache sein!

Jede gute Tat hat gute, und jede böse Tat schlechte Nachwirkungen.

Enttäuschungen werden uns nicht erspart bleiben. Hier und da wird ein Mensch auf unsere gute Tat schlecht reagieren. Das müssen wir hinnehmen und ihn trotzdem auch weiterhin mit Liebe behandeln. Es wird uns kaum leicht fallen, aber neben der Vernunft ist uns ja auch die Kraft des Willens gegeben, die in diesem Fall einsetzen muß.

Nur die geistige Kraft des Willens kann nämlich das Gesetz von Ursache und Wirkung sprengen und bösartige Wirkungen aufhalten bzw. vernichten!

Gerade das: Eine böse Tat mit einer guten beantworten, gehört zu den höchsten Tugenden eines Menschen, und die ihr folgende gute Wirkung ist nachhaltig und einflußreich. Noch mehr, sie gibt ihrem Täter eine tiefe innere Genugtuung. Das von einer guten Tat ausgehende Glück spendet mehr Zufriedenheit als der Empfang materieller Reichtümer!

Um nun dieser vernünftigen Lebensanschauung zum Durchbruch zu verhelfen, ist es in erster Linie notwendig, die Kindererziehung in diesem Sinne zu gestalten. Sind Sie Vater, Mutter oder Lehrer, dann geben Sie Ihren Kindern nie Spielsachen, die zu Grausamkeit anregen, also keine Waffen, keine Pistolen, keine Bleisoldaten, keine Tanks und dergleichen. Lehren Sie sie, daß Kriegführen, Töten, Quälen verabscheuungswürdig sind und daß jedes Kind und jeder Mensch die gleichen Rechte, aber auch die gleichen Pflichten hat. Gehen Sie mit dem guten Beispiel voran, denn das Beispiel beeinflußt mehr als alles Reden.

Wenn Sie, lieber Mitmensch, das in Ihrem Heim und in Ihrer nächsten Umgebung strikte durchführen, dann

ist Ihr Einfluß zum Guten unabsehbar, denn er wirkt als Ursache, die gute Wirkungen auslöst und wieder zu Ursachen für weitere Wirkungen wird.
Ihr Einfluß hat also kein Ende!
Dabei machen Sie sich in keiner Weise lächerlich. Im Gegenteil, man wird Sie immer mehr schätzen und lieben.
Das ist, was jeder tun kann und tun soll, wenn ihm oder ihr das Wohlergehen unserer Nachkommen am Herzen liegt.
Denn es ist, wie wir gesehen haben, heute sehr notwendig, daß die Vernunft lenkt, was der Kopf denkt!

Die geistige Wirklichkeit

Wenn wir alles, was wir in dieser Arbeit erläutert haben, zusammenfassen, so müssen wir unfehlbar zu der Erkenntnis gelangt sein, daß die Wirklichkeit nicht materieller, sondern geistiger Natur ist. Wir haben sogar gesehen, daß Materie ihrem Wesen nach verdichteten Geist darstellt. Alle Manifestationen in der Welt und im Universum sind ausnahmslos Manifestationen des Geistes. So sind auch wir Menschen Geistwesen, denn was wir sind oder was wir tun, entspringt nie der Materie, sondern immer dem Geist. Die Ur-Ursache von allem ist der Geist. Unsere Persönlichkeit besteht aus Instinkt, Intelligenz, Gedanken, Erinnerung, Bewußtsein, Willen, Energie, Wachstum, ferner aus Gefühlen der Liebe, des Hasses, der Freude, des Leides, der Lust, des Schmerzes, der Wonne, des Mitleids, der Sehnsucht, der Geborgenheit, der Heiterkeit, der Verzweiflung, der Furcht, des Vertrauens usw., die alle ihrem Wesen nach geistig sind. Sie unterliegen daher nicht der materiellen Verwandlung, die wir »Tod« nennen. Das geistige Ich, d. h. die Seele als Summe und Gefäß all dieser Geistmanifestationen besitzt ewige Existenz, aber in immer wieder wechselnder Form.

Ewigkeit und Unendlichkeit, so unverständlich sie uns auch vorkommen, sind die logische, für uns jedoch nicht mehr wahrnehmbare Verlängerung oder Fortsetzung der Beschränktheit.

Wenn irgend etwas aufhört, dann geht es außersinnlich doch weiter, und wenn andererseits irgend etwas anfängt, dann hat es außersinnlich schon früher in anderer Form existiert. Es gibt von jeder beschränkten Existenz ein außersinnliches Vorher und Nachher und eine unendliche Verlängerung des Raumes nach allen Seiten:

Wir und unsere Mitmenschen sind nie nicht gewesen, und wir werden nie nicht mehr sein, aber wir werden große Verwandlungen durchmachen und unsere Gestalt stärker ändern als die Raupe, die sich vom kriechenden Tier zum fliegenden Schmetterling entwickelt!

So also sieht die geistige, die wahre und alleinige Wirklichkeit aus. Unser geistiges Wesen ahnt den erhabensten Geist, aber es sieht ihn nicht. Er ist allgegenwärtig, aber verborgen. Nur wenn des Nachts der Himmel voll funkelnder Sterne prangt und wir meditieren, daß jeder dieser Sterne eine Welt für sich darstellt, dann wird uns die Herrlichkeit der Schöpfung und die Unfaßbarkeit des erhabensten Geistes richtig bewußt.

LITERATUR-HINWEISE

1) *James Jeans* »Der Weltenraum und seine Rätsel«, List Bücher 53, München
2) *W. Heisenberg* »Der Teil und das Ganze, Gespräche im Umkreis der Atomphysik«, München 1969
3) *Pascual Jordan* »Der Naturwissenschaftler vor der religiösen Frage«, Gerhard Stalling Verlag, Oldenburg, Hamburg
4) *V. A. Firsoff* »Life, Mind and Galaxies«, Edinburgh, London 1967
5) *Henry Margenau* »ESP in the Framework of Modern Science«, in Zeitschrift »Science and ESP«, Smythies
6) Dr. med. *Karl Schmitz* »Was ist, was kann, was nützt Hypnose«, München 1951
7) Dr. med. *Karl Schmitz* »Heilung durch Hypnose«, Dalp Taschenbücher
8) *Hans Bender* »Bericht über parapsychologisches Treffen in Moskau Juli 1972« in »Zeitschrift für Parapsychologie und Grenzgebiete der Psychologie«, Jahrg. 15, No. 1, März 1973, Walter Verlag, Olten/Freiburg/Br., ferner Zeitschrift »Esotera«, Sept. 1972, Heft 9, *Günther Leeb*: »Den westlichen Parapsychologen zur Nachahmung empfohlen«, Kurzbericht über den 2. internationalen Parapsychologenkongreß 17.—22. Juli 1972 in Moskau
9) *James Crenshaw* »Dr. Gustav Strombergs nicht-physische Welt«, übersetzt von *E. M. Körner* aus »Fate«, No. 254, in Zeitschrift »Esotera«, Sept. 1971, No. 9, Hermann Bauer Verlag
10) Ing. *Franz Seidl* »Neue Ergebnisse und Erkenntnisse der PSI-Forschung«, in Zeitschrift »Esotera«, No. 2, Februar 1973, Hermann Bauer Verlag

11) Aus einer Rede auf einem Gelehrtenkongreß in Florenz
12) *Cleve Baxter* Erste Veröffentlichung seiner Entdeckung im »International Journal of Parapsychology«, Februar 1969
13) *Frederick C. Sculthorp* »Excursions to the Spirit World« mit einer Einführung und einem Nachtrag von *Karl E. Müller*, Dr. E.T.H. und Präsident der »International Spiritualist Federation«, Almorris Press Ltd., London
14) *Sylvan J. Muldoon* und *Hereward Carrington* »Die Aussendung des Astralkörpers«, Hermann Bauer Verlag
15) *Robert A. Monroe* »Der Mann mit den zwei Leben«, Econ Verlag, Düsseldorf
16) *Arthur Ford* »Unknown but Known«, Psychic Press, London
17) *Stewart Edward White* »Das uneingeschränkte Weltall«, Origo Verlag, Zürich
18) *Günther Leeb* Siehe Artikel in »Esotera«, Sept. 1972, No. 9: »Den westlichen Parapsychologen zur Nachahmung empfohlen«, Hermann Bauer Verlag
19) *Henrique Rodrigues* »Der bioplasmische Körper alles Lebendigen« in »Esotera«, Nr. 4, April 1973, Hermann Bauer Verlag
20) *Jakob Lorber* »Naturzeugnisse«, Lorber Verlag, Bietigheim
21) *Jacob Lorber* »Erde und Mond«, Lorber Verlag
22) *Jacob Lorber* »Vom inneren Wesen der Weltordnung« (aus Buchreihe »Das Weltbild des Geistes«), Lorber Verlag
23) *William Stainton Moses* »More Spirit Teachings«, Spiritualist Press, London
24) *Harry Boddington* The University of Spiritualism«, Spiritualist Press, London
25) Monatszeitschrift »Two Worlds«, Verlag: 23, Great Queen St., London W.C. 2.
25a) *John Björkhem* »Die verborgene Kraft«, Walter Verlag 1954

26) *Roy Stemmann* »One Hundred Years of Spiritualism«, Spiritualist Association of Great Britain, London
27) »Journal of the Society for Psychical Research«, Adam & Eve Mews, London W8
28) Monatszeitschrift »Neue Wissenschaft«, Redaktion & Verlag Dr. *Peter Ringger,* Oberengstringen/Zürich, (Erscheinen eingestellt)
29) *Grace Rosher* »Beyond the Horizon«, James Clarke & Co. Ltd., 33, Store Street, London W.C. 1
30) *Grace Rosher* »The Travellers' Return«, Psychic Press
31) *Arthur Ford* »Nothing so Strange«, Psychic Press
32) *Anthony Borgia* »Life in the World Unseen«, Psychic Press
33) *Anthony Borgia* »More About Life in the World Unseen«, Psychic Press
34) *John H. Remmers* »The Great Reality«, Spiritualist Press 1967
35) Bishop *James A. Pike* »The Other Side«, W.H. Allen, London
36) Dr. med. *Carl Wickland* »Dreißig Jahre unter den Toten«, Otto Reichl Verlag, Remagen
37) Dr. *Gerda Walther* »Shanti Devi und andere Fälle angeblicher Rückerinnerung an frühere Inkarnationen«, in »Neue Wissenschaft«, Heft 7, Juli 1956, Verlag Neue Wissenschaft (Erscheinen eingestellt)

INHALT

Vorwort   1

Was ist Wirklichkeit?   8

Die Beschränkung der Sinne nach Zahl und Empfindlichkeit — Außersinnliche physikalische Geschehnisse und Existenz — Erlebnisse und Wahrnehmungen erscheinen als Wirklichkeit, wenn sie in das Bewußtsein eindringen — Sinneserfahrung ist nicht Wirklichkeit — Tatsachen entsprechen nicht unbedingt der Wahrheit — Unser Vorstellungsvermögen und unsere sinnlichen und geistigen Möglichkeiten reichen nicht aus, um die Wirklichkeit zu erfassen — Wir wissen nie, sondern glauben nur zu wissen — Die »Wirklichkeit« beschränkter Wesen ist auf ihre Umgebung, Erkenntnisfähigkeit und Lebensdauer beschränkt

Was sind Materie und Geist?   13

Materie ist keine »Materie« — Geist ist der Urgrund aller Materie — Klassische Physik und Quantenphysik — Unstetes Verhalten einzelner Elementarteilchen — Das Beispiel der Lebensversicherung — Laut Quantenphysik gibt es echte Unvorausbestimmbarkeit — Auch Materie lebt — Umwandlung von Elementarteilchen in Energie — Elektron und Positron — Das Meson — Das Neutrino — Firsoff postuliert, Geist sei Elektrizität- und Schwerkraft-ähnlich — Dirac postuliert, der Raum sei von Elektronen mit negativer Masse gefüllt — Anti-Materie — Virtuelle Vorgänge — Das Universum physikalisch nicht erklärbar — Einflüsse der Mineralien auf sensitive Menschen — Einflüsse des Geistes auf die Materie

— Wesensverwandtschaft zwischen Geist und Materie — Dr. Burrs und Dr. Strombergs Energie-Strukturen — Ing. Seidls Dimension Psi — Materielle Formen sind der für unsere Sinne wahrnehmbare Ausdruck einer formbestimmenden, feinstofflichen Matrize

Bewußtheit, Bewußtsein und Seele   41

Bewußtheit als allererste Existenz — Die Geburt eines Geistbildes aus latenter Bewußtheit ist eine Art geistiger Quantensprung — Das Wesen eines Geistbildes — Atome sind Geistwesen — Geistige Fähigkeiten der Materie — Der Sitz des Bewußtseins nicht im Gehirn — Phänomene bei Pflanzen — Austritte des Bewußtseins aus dem physischen Körper — Stufenweise Manifestationen des Bewußtseins — Die Ausführungen von Betty White — Die Kirlian-Kamera — Die Seele als elektromagnetisches Urfeld — Die Lebewesen im Lebewesen — Die Anpeilung des Weltgeistes — Es gibt nur dauernde Verwandlung, aber unzerstörbare Existenz — Das Überleben des Todes etwas Natürliches und Logisches

Weisheit aus dem Jenseits   64

Auszüge und Erläuterungen aus Jakob Lorbers und William Stainton Moses' Offenbarungen über die Materie und die Seele

Die Wissenschaft des Spiritismus   73

Was ist Spiritismus? — Der Spuk von Hydesville — Erstes Gespräch mit einem Spukgeist — Was und wer ist ein Medium? — Physikalische Medien — Hörende Medien — Sprechende Medien — Sehende Medien — Schreibende Medien — Heilende Medien — Medien für Geistfotografie

— Feuerfeste Medien — Prinzipien des Spiritismus — Die Vaterschaft Gottes — Die Bruderschaft unter den Menschen — Die Unsterblichkeit der Seele und der Persönlichkeit — Die persönliche Verantwortung — Belohnung und Vergeltung im Jenseits für alle auf Erden vollbrachten guten und schlechten Taten — Der ewige Fortschritt, der jeder Seele offensteht — Eminente Wissenschaftler bestätigen die Existenz der spiritistischen Phänomene — Dr. John Björkhem über den Spiritismus

Die Identitätsermittlung manifestierender Geister   94

Jeder Geist ist ein entkörperter Mensch — Namensfälschungen — Die »Stimme Gottes« ist unbeweisbar — Identitätsmöglichkeiten — Erhabene Geister — Niedrige Geister — Der Fall Chaffin — Der Fall Rochlitz — Das Phänomen der automatischen Schrift von Gordon Burdick — Der Fall Forest Moulton — Die Rückkehr des Monsignore Robert Hugh Benson — Die Rückkehr des Sohnes John — Der Fall Bischof James A. Pike — Besessenheit — Die Erfahrungen Dr. med. Carl Wicklands — Der Fall Hesselroth — Die Gesetzmäßigkeit der spiritistischen Phänomene kann Anspruch auf wissenschaftliche Anerkennung erheben — Der Wert der Erkenntnis vom Überleben des physischen Todes

Schlußüberlegungen   175

Überleben des physischen Todes — Die individuelle Weiterexistenz — Vom Sinn des Lebens — Ein Warnruf an die Menschheit — Die Geistige Wirklichkeit

Literaturhinweise   193

Bücher von Erich Wunderli

PHÄNOMENALE SCHÖPFUNG

Die Rätsel der Schöpfung haben die Menschheit zu allen Zeiten fasziniert. In diesem Werk werden die bisherigen Forschungsergebnisse aufgezeichnet und erläutert, denn es gibt für den Menschen, dem die Gaben des Bewußtseins und des Verstandes verliehen wurden, nichts Wichtigeres als die Erkenntnis seiner Stellung und seiner Rolle im Universum; ohne dieses Wissen ist es unmöglich, den Sinn des Lebens und den Zweck des Daseins zu verstehen. Der große Albert Einstein schrieb in seinem Werk „Mein Weltbild":„Welches ist der Sinn unseres Lebens, welches der Sinn des Lebens aller Lebewesen überhaupt? Eine Antwort auf diese Frage wissen heißt religiös sein. Du fragst: Hat es denn überhaupt einen Sinn, diese Frage zu stellen? Ich antworte: Wer sein eigenes Leben und das seiner Mitmenschen als sinnlos empfindet, der ist nicht nur unglücklich, sondern auch kaum lebensfähig."

Dieses Buch öffnet nicht nur die Pforte des Wissens, sondern es hilft auch den Sinn des Lebens zu verstehen und führt uns auf den Weg zu geistiger Entfaltung und innerer Zufriedenheit.

Leinen DM 24,80
Heinrich Schwab Verlag, 7860 Schopfheim

DIE BIBEL IM LICHTE DER GEISTESWISSENSCHAFT
und Ausblick auf ein Weltbild von morgen

Erich Wunderli schenkt uns hier ein richtungweisendes Werk, das geeignet ist, Menschen von heute, die sich von der mythenfeindlichen Theologie und der gängigen Wissenschaft unserer Tage enttäuscht fühlen, eine befriedigende Antwort auf die wesentlichsten Menschheitsfragen zu geben: nach unserem Woher und Wohin, nach Sinn und Zweck unseres Daseins, nach dem Wesen des Sterbevorgangs und schließlich nach Gott und einer höheren Gerechtigkeit.

Im ersten Teil des Buches werden Bibelgeschehnisse mit Erkenntnissen der Geisteswissenschaft verglichen und der Spiritualismus als eigentliche Basis des Christentums erläutert. Der zweite Teil vermittelt ein völlig anderes Weltbild als es das heutige ist, und zwar vorwiegend aus der Schau des dänischen Sehers Martinus.

Leinen, DM 32,-
Otto-Reichl-Verlag, 5407 St. Goar

LICHT UND SCHATTEN DER ESOTERIK
Eine kritische Orientierungshilfe

Mit diesem vom Verfasser als sein Lebenswerk betrachteten Buch bekommen Wahrheitssucher auf esoterischem Gebiet jene dringend benötigte Orientierungshilfe an die Hand, die bislang fehlte. Sichtlich um Objektivität und Verständnis bemüht, beleuchtet Rudolf Passian eine Reihe hochgeschätzter Persönlichkeiten und Geistesrichtungen der Esoterik- und New Age-Szene. Dabei deckt er Tatsachen und Hintergründe auf, die man sonst kaum irgendwo erfährt. Ernstzunehmen sind auch seine Warnungen vor jedwedem Mißbrauch medialer Begabungen oder geheimwissenschaftlicher Kenntnisse.

Dieses Buch sollte nur lesen, wer Wahrheiten im Klartext verträgt und stark genug ist, liebgewordene Vorstellungen um der Wahrheit willen aufzugeben. In manchen Aussagen dürfte es unbequem sein, ist aber Pflichtlektüre für jeden, der im Labyrinth der Esoterik festen Boden unter den Füßen behalten möchte.

Knaur-Taschenbuch Nr. 4266, DM 12,80

Bücher von Rudolf Passian

ABSCHIED OHNE WIEDERKEHR?
Tod und Jenseits in parapsychologischer Sicht
Erlebtes - Erfahrenes - Erforschtes

Dieses Buch mit seinen reichhaltigen Informationen und spannend zu lesenden Erlebnisberichten stellt eine ausgezeichnete Einführung in die wichtigsten Forschungsgebiete der Parapsychologie dar. Der Autor versteht es, Wesentliches in leicht verständlicher Form darzulegen und anhand des enormen Materials, das zur Sterbeforschung vorliegt, auch den kritischen Leser nachdenklich zu machen. „Ich glaube, dies Buch ist Gold wert", schrieb in seinem Vorwort der deutsche „Vater der Weltraumfahrt" und Lehrer Wernher von Brauns, Prof. Hermann Oberth. In der Tat bietet dieses auf vielen Quellenstudien beruhende Buch eine wertvolle Lebenshilfe.

Leinen, DM 34,-

NEUES LICHT AUF ALTE WUNDER
PSI klärt Bibelwunderstreit

Bedürfen die umstrittenen Bibelwunder einer Neu-Interpretation? Oder konnte Jesus wirklich auf dem Wasser laufen, das Wein- und andere Wunder vollbringen und böse Geister austreiben? Gibt es überhaupt Geister? - Der Verfasser, ein international

anerkannter Parapsychologe und Forscher, rät zur Vorsicht gegenüber einer allzu radikalen Entmythologisierung der Bibel, obwohl er ihr gegenüber eine kritische Haltung einnimmt. Gut beglaubigte Vergleichserfahrungen und parapsychologische Forschungsergebnisse beweisen, daß das Übersinnliche schon immer ein Aspekt des Lebens war. Selbst zu Bileams sprechender Eselin liegt ein ähnlicher Fall vor: das Erlebnis eines Arztes in der Türkei!
Leinen, DM 32,- ; brosch. DM 19,-

ABENTEUER PSI
Unglaubliches aus der Gegenwart
Wunderheiler * Spiritismus * Umbandakult * Magie

Unter den neueren Büchern zum Themenkreis Parapsychologie nimmt dieses Werk von Rudolf Passian eine Sonderstellung ein. Abenteuer PSI ist vor allem ein flüssig und spannend geschriebener Erlebnisbericht. Man erfährt von Dingen, die bisher kaum jemand für möglich hielt, von erstaunlichen, sensationellen Kräften des Geistes und der Seele. Hier werden Impulse vermittelt, sich mit der Parapsychologie zu befassen.
Mit 162 Bildern, DM 44,80
Otto Reichl-Verlag, 5407 St. Goar

WIEDERGEBURT
Ein Leben oder viele?

Die Reinkarnationslehre ist uralt. Auch dem frühen Christentum schien sie nicht unbekannt zu sein, wie aus neutestamentlichen Bibelstellen und kirchengeschichtlichen Fakten hervorgeht.
Unter Einbeziehung modernster Forschungsergebnisse schuf der Autor einen kompletten Überblick zu diesem Thema. Pro und Contra werden einander gegenübergestellt und so dem Leser eine eigene Meinungsbildung ermöglicht. Das reichhaltige Material und sorgfältig ausgesuchte Fallbeispiele machen die Lektüre zu einem Gewinn.
Knapp und handbuchartig informativ sind die Themen gestaltet: Geschichtlicher Überblick * Rück- und Vorausführungen * Vorausgesagte Inkarnationen * Kirche und Reinkarnationslehre * Erbsünde und Willensfreiheit * Geschlechtswechsel * Dualseelen-Lehre * Körpermale * Gegenargumente * Wie kam es zur Entdeckung der Tiergruppenseele? * Vorexistenz als Tier oder Pflanze? und anderes mehr.
Knaur-Taschenbuch Nr. 4154, DM 9,80